90년생 재테크!

네이버 No.1 재테크 카페 월재연 슈퍼루키 10인의 이야기

월재연 슈퍼루키 10인 지음

진서원

90년생 재테크!

초판 1쇄 인쇄 2020년 1월 2일
초판 2쇄 발행 2020년 3월 9일

지은이 • 월재연 슈퍼루키 10인
발행인 • 강혜진
발행처 • 진서원
등록 • 제2012-000384호 2012년 12월 4일
주소 • (03938) 서울 마포구 월드컵로 36길 18 삼라마이다스 1105호
대표전화 • (02) 3143-6353 | **팩스** • (02) 3143-6354
홈페이지 • www.jinswon.co.kr | **이메일** • service@jinswon.co.kr

책임편집 • 한이슬 | **편집진행** • 김혜영 | **기획편집부** • 최구영, 이재인, 송재형
표지 및 내지 디자인 • 디박스 | **일러스트** • 홍유연 | **종이** • 다올페이퍼 | **인쇄** • 보광문화사 | **마케팅** • 강성우

ISBN 979-11-86647-36-3 13320
진서원 도서번호 19008
값 14,000원

이 도서의 국립중앙도서관 출판예정도서목록(CIP)은 서지정보유통지원시스템 홈페이지(seoji.nl.go.kr)와
국가자료공동목록시스템(www.nl.go.kr/kolisnet)에서 이용하실 수 있습니다.(CIP 제어번호: CIP2019048264)

독자 A/S - 재인쇄 수정 내용 확인하는 법
재인쇄시 바뀌는 정보(금융상품, 금리변동, 연말정산 등)를 온라인으로 제공하고 있습니다. 독자 여러분 참고 바랍니다.
'월급쟁이 재테크 연구' 카페(cafe.naver.com/onepieceholicplus) → 맘마미아 시리즈 → 책 집필 & 개정 내용 게시판에서 확인

Special Thanks to

슈퍼루키 10인을 선정해 주신
네이버 No.1 재테크카페 '월급쟁이 재테크 연구'
50만 회원 여러분께 감사드립니다.

치열한 입시, 더 치열한 취업난…
막막한 기분으로 찾은 월재연에서
많은 사람들의 노력과 희망을 보았습니다.

오늘 하루 즐겁게 아낀 가계부를 공개하고
앱테크 팁, 다양한 재테크 방법을 나누며
누구나 할 수 있다는 힘을 얻었습니다.

50만 회원님들과 슈퍼루키님들 덕분에 이 책이 빛을 보게 되었습니다.
동시대를 살아가는 분들과 이 책을 나누고 싶습니다.

이 책의 저자가 되어주신 월재연 슈퍼루키 10인

고빙고빙·너구리팬더·단향·딜라잇apa·리베·무러는대기업·
핑키언냐·오뚜기뚜밥·지뉴·푸푸푸랑

좋은 이야기를 재미있게 풀어주신 여러분께
진심으로 감사드립니다.

경제적 자립 시기에 들어선
90년생들의 스마트한 재테크

'욜로'와 '파이어'의 공통점은 결국 행복!

최근 욜로 라이프, 파이어 운동과 같은 신조어가 유행하고 있습니다. 욜로 라이프란 인생은 한 번뿐이라는 욜로(YOLO: You Only Live Once)의 뜻처럼 너무 돈돈거리지 말고 현재의 삶을 행복하게 즐기자는 것입니다. 반면에 파이어 운동은 일찍 은퇴하자는 파이어(FIRE: Financial Independence Retire Early)의 뜻처럼 알뜰살뜰 빨리 돈을 모아서 미래의 삶을 행복하게 가꾸자는 것입니다. 욜로 라이프는 현재의 행복을 중요시하고 파이어 운동은 미래의 행복을 중요시하기에 반대개념으로 느낄 수도 있습니다.

경제적 자립 시기에 접어든 90년생들이라면 욜로 라이프와 파이어 운동 중 어떤 삶이 바람직한지를 두고 고민이 될 것입니다. 하지만 어느 한쪽만 바람직하다고 단정할 수는 없습니다. 둘 다 나의 행복을 전제로 하며, 현재의 삶을 즐기든 통제하든 현재에 충실하자는 교훈의 메시지를 담고 있기 때문입니다. 욜로 라이프를 아무런 계획없이 무절제하게 돈을 써대며 미래를 내팽개치는 삶으로 변질시키거나, 파이어 운동을 극단적인 자린고비 생활로 현재의 삶을 희생하는 것으로 변질시켜서 색안경을 끼고 바라봐서는 안 됩니다.

현재의 행복과 미래의 행복을 위한 실천사례들

미래 세대를 이끌어 갈 90년생들에게 가장 바람직한 것은 욜로 라이프와 파이어 운동의 진정한 의미를 깨닫고 이 둘이 적절한 균형을 이루는 삶을 사는 것입니다. 현재의 행복과 미래의 행복을 함께 거머쥐어야 하며, 그러기 위해서는 올바른 행복 재테크 방법을 배우는 것이 무엇보다 중요합니다. 행복 재테크를 올바르게 배워두면 재테크를 게임처럼 즐겁고 취미처럼 재밌게 하면서 현재의 삶에서 행복을 느낄 수 있고, 자연스럽게 돈까지 모을 수 있어 미래의 행복을 알차게 준비할 수 있기 때문입니다.

《90년생 재테크!》는 대학생, 취업준비생, 사회초년생, 신혼부부 등을 위한 '월급쟁이 재테크 연구' 카페의 행복 재테크 사례와 핵심 노하우를 담은 책입니다. 학자금과 생활비를 모으기 위해 교내 꿀알바 섭렵하기, 퇴사하기 위해 돈 모으기, 데이트 비용을 아끼기 위한 블로그테크 시작하기, 스드메 결혼 재테크 준비하기, 알뜰 내 집 장만하기 등 하나둘씩 읽고 실천해 보시길 바랍니다. 분명 돈도 모으면서 현재뿐만 아니라 미래까지 행복해지는 삶을 살 수 있을 것입니다.

마지막으로 이 책이 나올 수 있도록 애써주신 진서원 출판사에 깊이 감사 드리며, 아낌없는 지식을 나눠주신 저자님들! 그리고 항상 따뜻한 응원을 보내주시는 '월급쟁이 재테크 연구' 카페 회원님들께도 감사 드립니다.

'월급쟁이재테크연구' 카페 주인장
맘마미아

50만 '월재연' 회원들이 선택한
슈퍼루키 10인 소개!

대학생도 할 수 있다!
취업 전 1,000만원 모으기 달성!

| 오뚜기뚜밥 |

사서를 꿈꾸는 졸업반 대학생입니다. 다른 친구들보다 돈에 관심이 많다는 것만 빼면 평범합니다. 하루의 끝에 가계부를 다시 점검하는 걸 좋아하고 한 푼도 안 쓴 날엔 쾌재를 부릅니다. 오늘도 무지출!

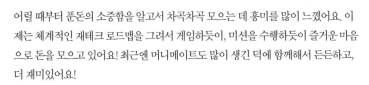

한 달 생활비 40만원 OK!
지출쪼개기로 취업 8개월 만에
2,700만원 모으기 달성!

| 리삐 |

어릴 때부터 푼돈의 소중함을 알고서 차곡차곡 모으는 데 흥미를 많이 느꼈어요. 이제는 체계적인 재테크 로드맵을 그려서 게임하듯이, 미션을 수행하듯이 즐거운 마음으로 돈을 모으고 있어요! 최근엔 머니메이트도 많이 생긴 덕에 함께해서 든든하고, 더 재미있어요!

1년에 1,000만원 블로그테크,
연애와 재테크 두 마리 토끼를 붙잡다
| 지능 |

저는 사회복지사이면서 블로그도 하고 있는 전형적인
투잡 직장인입니다. 어렸을 때부터 보물찾기를 좋아했는데
블로그가 저의 보물이 되었네요. 데이트비용을 아끼려
시작한 블로그 체험단, 남자친구와의 추억도 쌓고 여러모로
좋아요! 1년에 1,000만원 블로그테크, 여러분도 도전해 보세요!

'앱테크, 블로그테크, 카테크' 재테크 삼총사 달인
| 딜라잇aya |

직장생활을 하며 본업에 방해되지 않게 시간을 쪼개서 할 수
있는 부수입 방법을 연구하고 있어요. 즐길 일도, 아껴야 할 일도
많기에 지치지 않고 오래오래 즐겁게 절약지출하며
부수입 up-up! 하는 하루하루를 지향합니다.

퇴사가 재테크 목표!
놀아도 수입이 들어오게 만들면 걱정 NO!
| 단짱 |

경제관념이 없어 처음에는 돈을 모으기 힘들었는데,
월재연 카페에서 좋은 머니메이트님들을 만나
지금은 즐겁고 행복하게 절약하며 재테크하고 있어요!
너무 힘들게 절약하는 게 아니라, '삶을 더 행복하게 만들어줄
절약과 재테크를 하자'가 제 목표입니다!

서울에 올라온 싱글 직장인의 서른 전 1억 모으기 성공기

| 무늬는대기업 |

저는 24살에 취업 후 25살부터 서울에 상경하여 살고 있는
아주 평범한 미혼 여성 직장인입니다. 제 최고의 행복은 주위의
좋은 사람들과 맛있는 것을 먹고 취미활동도 같이 즐기는 거예요.
앞으로도 더 많이 공부하고 배우면서 걱정 없이 지인들과 함께
'seize the day'를 실천하며 행복한 삶을 살 수 있게 노력할 것입니다.
이 책을 읽는 모든 분도 걱정 없이 행복한 삶을 즐기시길 바랍니다!

결혼 준비부터 내 집 마련까지!
동갑내기 신혼부부의 결혼 재테크

| 푸푸푸랑 |

25살에 사회에 첫발을 내디딘 후 생각보다 만만찮은 현실에
'내가 오랫동안 이 일을 하며 돈을 벌 수 있을까?'를 고민하다
상황과 가치관이 비슷한 지금의 남편을 만나 결혼했고,
더 나은 내일을 위해 돈 공부를 시작했습니다. 오늘도 나와 내
소중한 사람들의 미래를 지키기 위해 끊임없이 노력하고 있습니다.
여러분도 아자아자 파이팅!

결혼 4년차 외벌이 부부의 내 집 마련기와
식비 절약 알찬 밥상 대공개!

| 꼬빙꼬빙 |

맞벌이 같은 외벌이를 하고 있는 결혼 4년차 신혼부부입니다.
늦게 시작했지만 경제적 자립을 위해 오늘도 열심히 노력 중이에요.
간단하게 집밥을 준비하며 식비까지 아끼는 방법을 소개합니다.
생활비도 아끼고, 건강까지 챙기는 윈윈재테크!

소비요정 철부지에서
월세 받는 집주인으로! 자산 점프업 고수

| 밍키언냐 |

철부지 소비요정에서 경제개념녀로 변태한 후 절약정신을
바탕으로 아끼지만 스크루지 같지는 않고, 화려하지만
사치스럽지 않은 즐거운 절약생활을 하고 있어요.
그리고 보수적인 사람도 투자수익을 낼 수 있다는 믿음을
가지고 월급보다 2배 많은 월급 외 수입을 창출하며,
행복한 근로자본가를 꿈꾸는 30대 초반의 새댁입니다.

긍정의 힘으로 경기도 월세에서
인서울 신축 아파트 진출!
끊임없이 도전하는 프로 재테커

| 너구리팬더 |

1983년생으로 기업 재무, 기획 부서에서 과장으로 근무하고 있는
평범한 9년차 직장인입니다. 재테크를 지루한 업으로 생각하지 않고
도전해야 할 게임, 즐길 수 있는 취미로 만들기 위해
노력하고 있습니다.

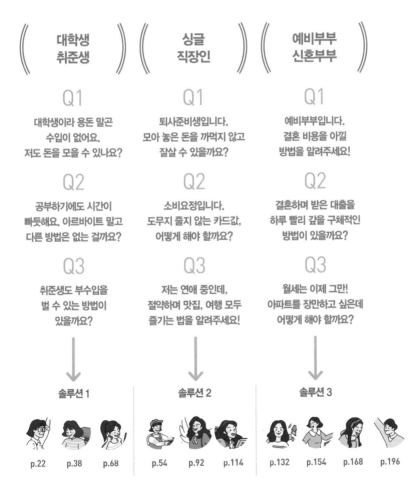

HOW TO

90년생 재테크 고민
슈퍼루키처럼 해결해보자!

(대학생
취준생) (싱글
직장인) (예비부부
신혼부부)

Q1

대학생이라 용돈 말곤
수입이 없어요.
저도 돈을 모을 수 있나요?

Q1

퇴사준비생입니다.
모아 놓은 돈을 까먹지 않고
잘살 수 있을까요?

Q1

예비부부입니다.
결혼 비용을 아낄
방법을 알려주세요!

Q2

공부하기에도 시간이
빠듯해요. 아르바이트 말고
다른 방법은 없는 걸까요?

Q2

소비요정입니다.
도무지 줄지 않는 카드값,
어떻게 해야 할까요?

Q2

결혼하며 받은 대출을
하루 빨리 갚을 구체적인
방법이 있을까요?

Q3

취준생도 부수입을
벌 수 있는 방법이
있을까요?

Q3

저는 연애 중인데,
절약하며 맛집, 여행 모두
즐기는 법을 알려주세요!

Q3

월세는 이제 그만!
아파트를 장만하고 싶은데
어떻게 해야 할까요?

↓

솔루션 1

↓

솔루션 2

↓

솔루션 3

p.22   p.38   p.68

p.54   p.92   p.114

p.132   p.154   p.168   p.196

각자에게 맞는 솔루션을 따라 해당 페이지를 찾아 읽어보세요!

3년차 직장인 버킷리스트: 4,000만원 모아서 퇴직할 거야! ｜단짱｜

낭비도 궁상도 NO!
미혼 직딩, 서른 전 1억 모으기 성공! | 무늬는대기업 |

동갑내기 신혼부부의
결혼 재테크(feat. 결혼과 신혼여행, 집) | 푸푸푸랑 |

긍정이 체질!
경기도 월세에서 인서울 신축 아파트 입성! | 너구리팬더 | 196

2030대학생
1,000만원
모으기

ID 오뚜기뚜밥

□ ···
공부도, 재테크도 열심히
하는 열혈 대학생

□ ···
교내 활동의 달인, 졸업 전
1,000만원 모으기 달성

□ ···
꼼꼼한 가계부 정리로
지출 잡기 성공

돈의 첫 기억, 엄마와 함께 가본 은행에서…

예전에 저희 고모와 재테크 얘기를 하는데 고모가 이런 말씀을 하셨어요. "우리 딸도 너처럼 경제관념이 똑바로 잡혀 있으면 얼마나 좋을까?" 고모의 말씀을 듣고 나니 무엇이 지금의 저를 만들었는지 궁금해지더라고요. 그저 어렸을 때부터 길러온 습관일 뿐인데, 나이를 먹어갈수록 이것이 제게 큰 자산이라는 것을 최근에 깨달았어요. 제 나이대 사람들이 모두 저와 같지 않다는 것도요. 그래서 제 경제관념이 시작된 어린 시절 이야기부터 시작해 보려고 합니다. 모든 사람에게 적용되는 이야기도 아니고 어디까지나 평범한 사람의 이야기인 만큼 가볍게 읽어주시면 좋겠어요.

은행 창구가 제 키보다도 높았을 때 처음으로 엄마와 은행에 갔어요. 모든 게 신기했죠. 엄마는 입금하고 나서 저에게 통장을 보여주셨어요. "여기에 돈이 들어간 거야."라고 하시면서요. 그게 돈과 관련된 저의 첫 기억입니다. 그 뒤로 저는 은행이 '조금 무섭지만 재미있는 곳'이라고 생각하게 되었어요.

'동전을 한 움큼 가지고 가면 짤랑짤랑 계산해서 종이 통장에 액수를 찍어주는 곳 = 은행'

이 경험 하나가 지금의 저를 만드는 데 크게 일조했다고 생각해요.

내 이름으로 된 통장으로 자부심 UP,
저축에 대한 동기부여는 보너스!

저와 동생은 우체국에서 처음으로 계좌를 만들었어요. 어머니와 할머니가 만들어 주셨죠. 명의는 저와 동생 앞으로 되어 있었어요. 제 이름과 잔액 '1,000원'이 찍힌 통장이 어쩌나 귀엽던지! 불량식품 하나 덜 사먹고 그 돈을 저금통에 모았다가 통장에 넣는 일이 즐거웠어요. 어릴 때는 '나만의 것'이라는 게 거의 없잖아요. 아이들은 제 이름으로 도서관 카드 하나 만드는 것도 굉장히 좋아하는데 하물며 통장은 어떻겠어요. 내 통장이 생겼다는 것만으로도 왠지 더 어른스러워진 느낌이 들었어요. 지금 생각해 보면 귀여울 따름이에요.

혹시라도 잃어버릴까봐 할머니가 통장을 옷장 안에 넣어 두셨지만 늘 제 손이 닿는 곳에 있었어요. 저는 이게 중요한 것 같아요. 아이들이 통장을 가지고 있다가 잃어버릴까봐 부모님이 가지고 계신 경우가 많을 거예요. 저라도 그렇게 할 것 같아요. 다만 이제부터는 아이들이 자기 통장을 직접 확인할 수 있게 좀 더 잘 보이는 곳에 두는 것이 어떨까요? 저는 통장을 수시로 확인했는데, 얼마나 모았는지 보면서 다음 달 수입을 생각하며 '조금만 더 모아야지!' 하는 동기부여로 삼았어요. 부모님과 아이가 함께 확인할 수 있는 공간에 통장을 두고 아이에게 주기적으로 저금에 대한 동기부여를 해준다면 저축하는 습관이 쉽게 들 거라고 생각해요.

낄낄거리며 읽은 경제 만화, 강추!

《열두 살에 부자가 된 키라》, 유명한 책이죠. 저는 이 책을 초등학교 3학년 때 읽은 걸로 기억해요. 이 책을 읽고 아주 큰 감명을 받아 용돈기입장도 쓰고 키라와 같은 꿈을 가졌던 기억이 어렴풋이 남아 있어요. 아이가 경제 관련 책을 읽으면 정말 좋겠죠. 강제가 아니라 자발적으로 읽는다면 더할 나위 없고요. 꼭 《열두 살에 부자가 된 키라》가 아니더라도 《빈대 가족 짠돌이 시리즈》도 추천합니다. 만화책이라고 다 나쁜 것도 아니고, 저는 물론이고 제 친구들도 정말 재미있게 읽었거든요. 책의 시작은 재미! 재미가 없으면 아무리 좋은 책이라도 꽝이니까요. 차근차근 밟아 나간다는 생각으로 만화책부터 시작해 보는 건 어떨까요? 성인에게도 추천하는 방법이랍니다.

뚜밥이는 정말 대단하구나!
힘이 되는 부모님의 응원

어떤 일을 하든 부모님의 응원만큼 중요한 것은 없다고 생각해요. 지금도 저희 부모님, 특히 어머니는 저를 적극적으로 지지해 주십니다. 크고 작은 선택을 말씀드릴 때마다 꼭 응원해 주세요. 이 응원은 돈과 관련된 것에도 예외가 아닙니다. 어렸을 때 집 안 잘 보이는 곳에 저금통이 있었는데, 투명한 저금통이라 내용물이 잘 보였어요. 어머니는 쌓여가는 동전을 보며 저축 잘한다고 칭찬을 많이 해주셨어요. 저금통을 뜯는 날에는 온 가족이 함께 모여서 동전을 세었고, 제가 은행에 직접 다녀와서 잔고가 찍힌 통장을 보여 드리면 또 잘했다고 칭찬해 주셨어요. 이렇게 저축하고 칭찬받고, 은행 다녀오고 칭찬받고의 연속이었죠. 결국 제가 올바른 경제관념을 가질 수 있었던 건 농사짓느라 지갑이 늘 얇은데도 불구하고, 항상 웃음과 칭찬으로 감싸주신 부모님 덕분이라고 생각해요.

부모님이 땡볕에 나가서 일하시는 모습을 어려서부터 봐와서 그런지, 저는 '돈을 번다는 건 힘든 일이구나.' 하는 것을 자연스럽게 알게 된 것 같아요. 봄에 씨앗을 뿌려 여름, 가을에 수확하고 겨울에는 또 다른 일을 하시는 부모님의 모습. 힘들지만 그래도 웃음을 놓지 않으셨던 그 모습이 제게 깊이 각인되어 돈을 허투루 쓰지 않는 계기가 되었습니다. '하루 빨리 자라서 부모님께 효도해야지!' 하는 마음으로 열심히 저축도 하고 제 앞가림을 했어요. 이렇게 일찍 철 드는 게 좋은 건지 안 좋은 건지는 모르겠지만요.

결국 부모님의 응원과 더불어 돈과 관련한 좋은 경험들이 쌓이면 좋은 경제습관도 저절로 쌓인다고 생각합니다. 명절에 친척들이 용돈을 크게 주시면 사실 저도 쓰고 싶었어요. 하지만 그럴 때마다 통장에 잔고가 늘어나는 게 좋아서 꾹 참고 저축했어요. 아마 어려서부터 저축하는 재미를 느꼈던 덕분이었겠죠?

대학교 1학년 때 세운 목표
4년 후 1,000만원 모으기!

전 현재 휴학 없이 8학기째 재학 중인 평범한 대학생입니다. 등록금은 국가장학금과 교내 장학금으로 모두 감면받았고, 부모님께서는 정말 감사하게도 월세를 지원해 주고 계세요. 생활비는 제가 벌어서 쓰고 남은 여윳돈은 현재 600만원이에요. 졸업 시점까지 1,000만원 모으기가 목표인데 고지가 눈앞에 보입니다. 제가 대학생이다 보니, 제 이야기가 학생들에게나 적합한 게 아닐까 싶으실 거에요. 그런 분들을 위해 학생뿐만 아니라 직장인분들도 쉽게 따라하실 수 있는 이야기들을 풀어보려고 합니다. 제가 4년 동안 습관들인 재테크 노하우를 공유합니다.

■ 목표 세우기
저의 목표는 다음과 같았어요.

대학교 1학년 – 100만원
대학교 2학년 – 200만원
대학교 3학년 – 600만원
대학교 4학년 – 1,000만원
↓
최종 목표: 빚 없이 1,000만원 들고 졸업하자!

이 목표를 달성하기 위해 1년 동안 어떻게 돈을 모을 것인지 계획을 세웠어요. 구체적인 목표를 세우고 나니 세상이 조금 다르게 보이더라고요.

■ 매일, 매주 통장 체크하고 매달 목표 점검하기

저는 이 작업이 너무 재밌어서 공부하기 힘들 때 혹은 잠자기 전에 한 시간씩 꾸준히 했어요. 만약 이 작업이 스트레스로 다가온다면 한 달에 한 번 정도만 해서도 괜찮아요.

매일: 가계부에 하루 지출을 기록
매주: 한 주의 가계부를 되돌아보며 다음 주 예산을 점검. 목적성 통장에 돈이 정확하게 들어갔는지 점검
매달: 그달에 목표한 금액을 잘 달성했는지, 앞으로 남은 개월 동안 목표에 얼마나 다다를 수 있는지 점검

■ 이번 달과 다음 달, 다다음 달의 수입 기록하기

빠져나가는 금액을 생각하지 않고 순수 수입만 기록해 현재 돈과 합쳐 보면 금액이 꽤 클 거예요. 그 돈이 그대로 적금이나 예금 통장에 들어간다고 생각하면 마음이 두둑해지더라고요. 그리고 목표치에 금방 도달할 것 같은 기분에 세 달치 월급을 자주 기록했답니다.

> **이번 달**: 다음 달 지출 파악과 예산 관리를 위해 기록
> **다음 달과 다다음 달**: 씩씩한 정신건강을 위해 기록

■ 적금은 3개월치를 한 번에 넣을 만한 여유가 있을 때 개설

갑작스러운 목돈 지출로 중도 해지하는 것을 피하기 위해 월 최대 납입금액×3개월 금액만큼 한 번에 납입 가능한 여유가 있을 때만 적금을 개설했어요. 만약 이 정도 여유가 되지 않는다면 CMA 통장에 넣어 두었어요.

■ 스트레스는 NO! 돈 모으는 것 자체를 사랑하기

저는 취미가 금리 높은 적금 찾기이고 매일 밤 통장을 정리하며 스트레스를 풀 정도로 돈 모으는 활동과 그 모든 과정을 사랑합니다. 이렇듯 돈을 쓰는 것보다 몸은 힘들어도 돈이 쌓이는 통장을 보며 더욱 큰 쾌감을 느끼는 스타일이에요. 하지만 이것이 스트레스

로 다가오고 몸과 마음이 지친다면, 그렇게 무리하면서까지 돈을 벌 필요는 없다고 생각해요.

대학생의 가장 쏠쏠한 부업은 교내 활동!

저는 글쓰기와 독서를 좋아하는 편입니다. 화려한 글솜씨가 있는 건 아니지만, 솔직하게 써 내려가는 걸 즐기는 타입이에요. 좋아하는 글쓰기로 여러 공모전에 도전해 많은 수입과 도움을 얻었습니다. 90년생 선배님들, 이런 교내 활동 정보가 있으면 후배들에게 많이 알려주세요!

■ 대학생 대상 설문조사 (기프티콘, 문화상품권)

교내 사이트에는 심리학과 대학원생들이 올리는 설문조사가 수시로 올라와요. "○○○한 대학생을 구합니다." 이런 식으로요. 저는 조건에 맞으면 설문조사에 응했어요. 10~40분 정도 걸리고 상품은 대부분 기프티콘이나 보틀, 문화상품권이었어요. 이걸 차곡차곡 모아서 네이버페이로 교환했던 기억이 나네요.

■ 교내 글쓰기 공모전 + 신문사 원고 투고 (3만~20만원)

교내 신문사에 원고를 투고해 게재되면 원고료가 3만원씩 들어

왔어요. 그리고 교내 공모전에도 많이 지원했는데 적게는 5만원에서 최대 20만원까지 받아서 아주 쏠쏠했어요. 지금도 하루에 한 번씩 교내 사이트에 들어가서 새로운 공모전이 없는지 둘러봅니다.

■ 교내 프로그램(뮤지컬 티켓, 10만원)

제가 정말 사랑했던 프로그램이에요. 학교에서 매 학기 시행하는 문화 투어 프로그램은 스탬프를 받아 후기를 쓰는 건데 참여만 해도 뮤지컬 티켓 2장이 무료였고, 잘 쓴 소감문을 대상으로 시상까지 했어요. 저는 1학년 때 위키드 뮤지컬 티켓과 상금 10만원까지 받았어요.

■ 독서토론 프로그램 참여와 시상(2만~7만원)

도서관에서 진행하는 독서토론 프로그램인데, 정말 열심히 해서 우수활동팀으로 선발된 적이 많아요. 상금은 1/n 해서 기본 2만원에 우수팀장으로 5만원을 받아서 매 학기 7만원씩 부수입을 올렸어요. 돈도 돈이지만 활동 자체가 참 재미있었는데 이제 못하게 되어서 굉장히 아쉬워요.

■ 교수님 연구보조원(월 10만원)

부수입보다 월급 개념에 가깝지만 적어봅니다. 1년에 10개월간 교수님을 도와드리고 매달 10만원씩 총 100만원을 받는 아르바이트도 하고 있어요. 연구보조원으로 일한 지 벌써 2년차! 이 월급은 주택청약 적금에 넣고 있답니다.

최고의 절약은 역시 등록금 감면!
8학기 내내 등록금 0원

다음은 제가 지금까지 받은 장학금 리스트예요. 여기엔 없는 교외 장학금도 300만원 정도 받았어요. 교외 장학금은 모두 부모님께 드렸답니다. 국가장학금이 등록금을 해결하는 데 큰 도움이 되었어요. 그리고 교내근로, 성적장학, 면학 등 부지런히 일하고 공부해서 8학기 내내 등록금 0원으로 알차게 다녔어요. 역시 대학생 재테크는 등록금 0원이 최고!

재테크가 준 선물
자신감과 실행력 그리고 경제적 자유

짧다면 짧고 길다면 긴 4년이라는 시간 동안 여러 재테크 습관을 몸과 마음에 익히며 달라진 저의 모습에 대해 이야기해 보려고 합니다.

■ '잘할 수 있을까?'를 '할 수 있어!'로 바꿔준 재테크

저의 꿈은 대학에 다니면서 1,000만원을 모으고 졸업하는 것이었어요. 그 꿈을 꾼 때가 열아홉 살이었던 해 12월이었고, 스무 살이었던 해의 12월에는 빵집 아르바이트를 했는데 월급이 26만원도 채

되지 않았습니다. 게다가 첫 3일은 수습기간이라고 시급을 반토막 내서 주더라고요. 한 달 생활비로도 턱없이 부족한 돈이었습니다. 첫 월급을 받고 나서 든 생각은 '내가 정말 잘할 수 있을까?'였습니다.

공부는 그냥저냥, 아르바이트비도 적은데 그 커다란 돈을 어떻게 손에 거머쥘 수 있을까 싶어 막막했지만 계획을 세우고 열심히 노력했습니다. 꿈을 가지고 포기하지 않았어요. 그랬더니 이런저런 아르바이트가 더 들어오고, 잉여금이 쌓이기 시작해 26만원에서 80만원까지 잔고가 늘었어요. 스물한 살 겨울엔 이대로 잘할 수 있겠다는 생각이 들었고, 이제 생각했던 것보다 더 빨리 제 꿈을 이룰 수 있을 것 같습니다. "한 달에 80만원 벌어서 언제 돈을 모아. 그냥 여행 가는 데나 써버려!"라고 말씀하셨던 어른들에게 통장 잔고를 보여드리고 앞으로의 계획을 말씀드리면 "언제 그렇게 모았니?"라는 반응을 보이십니다.

학생인 저도 그리고 여러분도 할 수 있습니다! 대학 진학을 제외하고 제 인생에서 처음으로 커다란 산 하나를 거의 넘어가는 중입니다. 스물두 살을 지나오며 나도 할 수 있다는 자신감을 갖고, 계획을 세워 행동한다면 얼마든지 꿈을 이룰 수 있다는 걸 실감했습니다. 재테크가 아니었다면, 돈을 모으지 않았다면 이런 뿌듯함은 느끼지 못했을 거예요. 지금 저는 좋은 적금이 있으면 친구들에게 추천해 주고, 열심히 재테크 서적을 읽고 나서 중요한 내용은 공책에

메모해 실천하고 있어요. 가끔 주변에서 이해할 수 없다는 눈초리를 받기도 하지만, 또 그만큼 응원도 많이 받아 힘내서 돈을 벌고 있어요.

■ 목표와 계획을 실천하는 삶
돈도, 공부도, 취업도!

원래 저는 막가파(?)였습니다. 십대에는 딱히 계획적이지 않았죠. 대학 진학은 예외였지만 인생을 대하는 태도가 여러모로 계획적이지는 못했습니다. '적당히 구르고 살면 어떻게든 되겠지?'였다고나 할까요. 월재연 회원님들도 아시겠지만 돈을 모으려면 분명한 계획과 점검이 필요합니다. 굳이 제가 말하지 않아도 모두 알고 계실 거예요. 그렇게 하지 않으면 돈이 어떻게 들어오고 빠져나가는지 알 수 없으니까요!

저는 돈에 관한 계획만큼은 철저하게 지켰습니다. 학년이 끝날 때마다 100만원, 300만원, 600만원, 1,000만원을 모으겠다는 큰 계획을 세우고, 분기별로 목표치를 정해둔 뒤 그만큼 채울 수 있도록 더 저축하거나 아르바이트를 하나 더 했습니다. 처음엔 힘들었지만 계획을 세우니 목표가 뚜렷해지고 어디로 나아가야 할지, 어떻게 실행해야 할지가 보였습니다. 불필요한 행위는 버리고 필요한 것들만 챙겨 하루하루 살다 보니 지금의 제가 되었습니다. 계획의 중요성을 깨달은 제가요. 공부도, 앞으로의 인생에 대한 계획도 돈을 모을 때처럼 체계적으로 짜고 있습니다. 30대 초반에 정규직으로 취업할 때까지 무엇을 해야 할지, 졸업 이후의 진로에 대해 진지하게 고민 중이에요. 이렇듯 재테크를 한 이후 인생을 대하는 제 태도도 무척 많이 바뀌었습니다.

■ 돈에 얽매이지 않는 삶
돈이 없다고 꿈을 포기하지 말 것!

저의 버킷리스트에는 '서른 살에 1억 모으기'가 있습니다. 아마 첫 번째 목표일 거예요. 하지만 사실 1억은 숫자일 뿐이고 진짜 목표는 '언젠가 하고 싶은 일이 생겼을 때 돈에 구애받지 않을 만큼 모으자'입니다. 그 금액이 대략 1억인 거고요. 주변에서 "나 ○○○하고 싶은데 돈이 없어서 못해."라는 말을 꽤 듣곤 합니다. 그 말을 들을 때마다 새삼 '돈을 모으는 게 중요하구나.' 싶더군요. 제 꿈은 돈과는 크게 상관없고 실제로 돈을 많이 벌 수 있는 직군도 아니지만 미래는 아무도 모르는 법! 갑자기 다른 일이 하고 싶은데 그때 큰돈이 필요하다면? 돈이 없어서 꿈을 포기해야 한다면? 정말 서러울 것 같습니다. 저는 저를 위해서, 미래를 위해서 재테크를 시작했습니다. 그리고 목표치에 다다를수록 뿌듯함과 함께 '적어도 당장 돈이 없어서 무언가를 못하는 건 없겠구나.' 싶은 생각이 듭니다. 자신감이죠. 정리해 보면 재테크에 가장 필요한 것은 자신감과 계획성이고, 재테크의 목적은 하고 싶은 것을 성취할 때 따라오는 금전적 부담으로부터의 자유입니다.

저는 재테크 하는 모습을 친구들에게 자주 보여줬습니다. 같이 재테크 하자고, 10대 후반부터 20대 초반에 재테크를 해놓으면 사회생활하며 큰돈이 들어올 때 잘 관리할 수 있다고, 나중에 정말 도움이 될 거라고 여전히 홍보 중입니다. 통장도 같이 쪼개 보고 돈에 대해 어떻게 생각하는지, 어떤 태도를 가지는지 서로 공유하면서 친분도 쌓고 서로의 고민도 알아갑니다. 아직 한참 부족하지만 '돈'을 매개로 서로 작은 힘이 되어줄 수 있다면 충분하지 않을까요?

저는 누구보다 적극적으로 지금 당장 재테크를 시작하라고 말씀드리고 싶습니다. 분명 달라진 자신의 모습을 볼 수 있을 거라고 장담해요. 그리고 삶을 대하는 태도까지 바뀔 거라고 확신합니다. 재테크는 돈을 모으는 것 그 이상의 가치를 가지기 때문이에요.

한 달
40만원 살기,
게임처럼
미션 완수!

ID 리쁘

꾸준히, 현재의 삶에
충실하며 즐기듯이 하는
재테크

지출쪼개기로 낭비를
줄이는 재테크 고수

취업 전 1,000만원,
취업 후 8개월 만에
2,700만원 모으기 성공

중학교 때부터 돈 모으는 재미에 푹!
취업 전까지 1,000만원 모으기 성공

제가 생애 첫 재테크를 시작한 건 중학교 1학년 때였어요. 중학생 때부터 고등학생 때까지 용돈으로 매달 2만원을 받았는데, 적으면 적었지 친구들에 비해 많은 금액은 아니었습니다. 이 소소한 용돈을 최근까지 차곡차곡 알차게 모아 취업 전 1,000만원 모으기에 성공했어요! 제 또래 친구들 그리고 아직 경제개념이 잘 잡히지 않은 어린 친구들에게 제 경험담과 '꿀팁'들을 소개하려고 합니다.

■ 5만원이 모이면 나만의 작은 비밀창고에, 10만원이 모이면 계좌에!

용돈을 쓰고 나서 잔돈이 남으면 꼬깃꼬깃 접어 다이어리 뒤에 달린 지퍼백에 보관해 두었던 생각이 납니다. 그리고 제법 큰돈(3만~5만원 남짓)이 모이면 저만 아는 비밀창고에 넣어두고, 10만원 남짓의 더 큰돈이 모이면 은행에 입금하러 갔어요.

당시 제 방 책꽂이에는 열쇠가 달린 작은 공간박스형 사물함이 있었는데, 그곳을 저만의 비밀창고로 삼고 열쇠도 꽁꽁 숨겨두었답니다.

친척 또는 부모님 지인에게 받은 용돈도 고스란히 넣어두었어요. 지금 생각해 보니 제 자신이 굉장히 기특하네요!

다이어리에 모은 돈이 5만원이 되면 그 사물함에 넣어 두고 10만원이 되면 통장으로 입금! 이것이 저만의 '기준'이었어요.

**중학교
목돈 모으기**

중학교 1학년: 0만원 → 31만원
중학교 2학년: 31만원 → 73만원
중학교 3학년: 73만원 → 101만원

고등학교 1학년 때는 총 저축액이 65만원이었습니다. 고등학교 신학 기념으로 받은 용돈도 모두 저축했으니 정말 대단한 짠순이였던 것 같아요. 그리고 고3 수능이 끝난 후에는 아르바이트 3개를 병행했어요. 평일에는 뷔페 레스토랑 주방에서 음식 만드는 일과 주 3회 과외를 하고, 주말에는 풀타임 서빙을 했습니다. 새내기 대학생이 될 거라 사고 싶은 것도, 하고 싶은 것도 많았던 시기여서 열심히 돈을 벌고 또 그만큼 열심히 썼던 것 같습니다.

**고등학교
목돈 모으기**

고등학교 1학년: 101만원 → 166만원
고등학교 2학년: 166만원 → 198만원
고등학교 3학년: 198만원 → 130만원

■ 최저생활비 정하고 실천!
부수입 만들어 매달 저축

대학교 3학년 때는 학원 강사 아르바이트로 1년간 꾸준한 부수입을 얻었어요. 대학 생활과 병행하느라 힘들었지만, 한때 제 꿈이 선생님이었던 터라 못다 이룬 꿈도 실현하고 부수입도 늘릴 수 있어 보람 있던 아르바이트였습니다. 학원 강사 아르바이트비로는 데이트 비용을 충당했는데, 그 돈을 훌훌 다 써버리면 속상할 것 같아서 새로운 통장을 개설해 매달 20만원씩 넣었습니다. 저만의 적금이었던 셈이죠.

대학교 4학년 때는 연구실 활동을 하며 받는 월급 외에도 집에서 불규칙하게 용돈을 받았는데요, 특별한 일이 없는 이상 집에서 매달 받은 용돈만 사용하고, 연구실 월급은 주수입이 아닌 부수입으로 여겨 모두 저축했습니다. 흔히 '심리급여'라고 하죠. 주수입의 일부만을 심리적 급여 마지노선으로 생각하고, 그 범위 내에서만 생활하기! 그 이상 금액은 저축하기!

대학원에 진학한 뒤로는 집에서 따로 받는 용돈은 없었고 연구실에서 매달 일정한 월급을 받았습니다. 타지에서 자취하느라 월세, 공과금, 생활비 등이 들어서 지출이 많았지만, 가끔 3만~10만원 정도를 자주 쓰는 통장에서 비상금 통장으로 야금야금 옮겨 두었던 것이 도움이 많이 되었습니다. 생활비 통장에 돈을 조금만 남겨 놓으니 그만큼 아껴서 살게 되더라고요. 내가 가진 돈 액수가 클수록 많이 쓰게 되잖아요. 자주 쓰는 통장에 잔액이 조금만 있으니 심리적으로 잘 아껴지는 것 같아요.

대학교, 대학원 목돈 모으기	대학교 1학년: 130만원 → 260만원
	대학교 2학년: 260만원 → 194만원
	대학교 3학년: 194만원 → 384만원
	대학교 4학년: 384만원 → 424만원
	대학원 1학년: 424만원 → 815만원
	대학원 2학년: 815만원 → 1,000만원

충실한 대학생활만으로
1,000만원 모은 비결 3가지

중학교 1학년부터 대학원 졸업 때까지, 저는 학창시절 내내 스스로 미션을 부여하고 실천해 나가면서 취업 전 1,000만원 모으기에 성공했습니다. 만약 돈 모으는 게 힘들었다면 중도에 포기했겠지만 저는 매순간 즐겁게 임했던 것 같아요! 이렇게 모은 1,000만원은 현재 1년짜리 예금 계좌에 300만원, CMA 계좌에 500만원, 언제든지 꺼내 쓸 수 있는 비상금 통장에 200만원으로 나누어 넣어두었습니다. 이렇게 쭉 돌아보니 제겐 돈 모으기 3가지 팁이 있었어요.

■ 1 | 주수입에만 안주하지 말자

용돈이나 월급과 같은 주수입에만 안주하지 않고 아르바이트를 하거나 대학 프로그램을 이용하는 등 부수입을 창출하기 위해 노력해야 해요! 작든 크든 끊임없이 부수입을 추가하고, 그것을 고스란히 저축해서 저축률을 높이는 것이 가장 중요해요.

■ 2 | 푼돈을 하찮게 여기지 말자

앞서 언급했듯이 저는 중학생 땐 쌈짓돈을 조금씩 모아서 5만원이 되면 비밀창고에, 10만원이 되면 통장에 입금했고, 대학생 땐 아르바이트를 하며 20만원씩 매달 비상금 통장에 넣었어요. 대학원생 때는 3만원, 5만원, 10만원씩 틈틈이 비상금 통장에 넣었고요. 이렇게 작은 돈을 모아 조금 더 큰돈을 만들고, 이 돈을 모아 더 큰돈을 만들었어요. 눈덩이 굴리듯 작은 돈을 점점 더 큰돈으로 만드는 것이 중요해요. 저는 이런 과정을 경험하며 푼돈의 소중함을 알게 되었어요.

■ 3 | 돈 모으는 것에만 연연하지 말고, 현재 내 삶에도 충실하자

학생으로서 학생답게 열심히 공부하는 것 또한 돈 모으기에서 매우 중요한 방법이에요. 극단적인 예일지도 모르지만, 공부를 열심히 하지 않거나 성적을 메꿔야 해서 학교, 학원, 과외를 더 다녀야 한다면 결국 추가로 시간은 물론 학비도 더 내야 하잖아요? 학생이라면 학생답게, 직장인이라면 직장인답게 본분에 최선을 다하는 것, 잊지 마세요!

1,000만원을 모으는 데 성공했지만, 저의 이야기는 여기서 끝나지 않아요. 2018년 10월에 가계부 쓰기에 입문해서 지금까지 순자산 2,700만원을 달성했습니다. 8개월 만에 순자산이 1,700만원 증가한 셈이네요! 저처럼 사회초년생인 분들에게, 어떻게 하면 즐겁게 지지지 않고 목돈을 모을 수 있는지 그 노하우를 소개하려고 합니다.

취업 후 8개월 만에 1,000만원이 2,700만원으로!
비결은 가계부 쓰기

가계부 작성의 목적은 '단순기록'이 아니라 '절약이다!

• 짜게 살지 말고 쓸 때는 쓰되 최대한 효율적으로 지출을 통제하자
• 수입은 저축으로! 지출은 가계부로!

이 문장은 가계부 상단에 눈에 띄게 적어두고 제가 늘 마음에 되새기는 내용이에요. 월재연 회원님들 그리고 가계부를 쓰는 다른 많은 분들이 항상 강조하는 내용이기도 합니다. 가계부는 수입과 지출을 단순히 '기록'하는 것이 아니라 흐름을 파악하고 '절약'하는 가장 좋은 수단입니다. 꾸준히 가계부를 작성하는 것은 물론이고, 주간결산/월간결산/상·하반기결산/연말결산 등을 통해 세부적인 돈의 흐름을 파악하고, 끊임없이 반성하고 다짐하며 개선하는 시간을 꼭 가져야 해요.

■ 가계부 작성의 출발! 지출쪼개기

통장쪼개기에 대해서 많이 들어보셨죠? 재테크 기초 책에서는 통장을 4가지(급여/소비/비상금/투자)로 각각 나누어 관리하라고 합니다. 가계부 작성의 기초는 지출쪼개기에요. 지출은 크게 ① 저축(비소비성 지출), ② 고정지출(월세/공과금/통신요금 등 매달 고정적으로 지출해야 하는 비용), ③ 변동지출(생활비), ④ 돌발지출(연간비/비상금) 4가지 항목으로 나뉩니다. 각각의 항목을 어떻게 구분하는지에 대한 정답은 없지만, 본인만의 기준을 정확하게 세워 항목별로 관리하는 것이 중요해요. 특히 매달 고정지출과 변동지출을 명확하게 구분하고, 변동지출의 경우 한 달 예산을 잡고 잔액 관리를 철저하게 하는 것이 좋습니다.

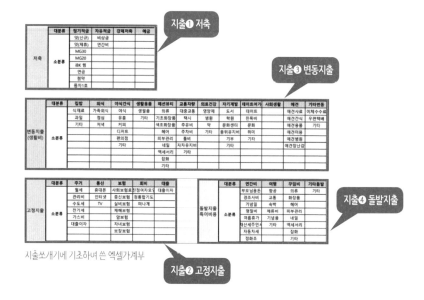

시출쏘개기에 기초하여 쓴 엑셀가계부

■ 어떻게 써야 할지 막막해도 일단 무턱대고 써보기

돈이 모이는 가계부를 쓰고 싶은데 어떻게 시작해야 할지 막막하다고요? 저는 매일매일 어떤 항목으로 돈이 들어왔는지, 어떤 항목으로 지출했는지 대분류/중분류/소분류로 구분하여 조목조목 따져가며 기록했습니다. 특히, 변동지출(생활비)을 확실히 통제하고 싶어서 생활비 외 금액(고정지출, 돌발지출)을 별도로 계산하고, 변동지출도 따로 계산해서 생활비 잔액을 철저히 관리했습니다. 다음의 표를 보면, 한 달 생활비 예산은 40만원으로 잡았고 매일 지출 상황에 따라 잔액을 바로바로 확인할 수 있도록 양식을 만들었습니다. 이 잔

액을 보며 한 달 생활비를 흑자로 마감하기 위해 '앞으로 지금과 같
은 패턴으로 쓰면 되겠다'거나 '조금 더 아껴야겠다'는 식으로 마음
을 다잡을 수 있었어요.

한 달
생활비 예산

지출 잔액
324,900

■ 월 가계부 작성 시 결산은 필수

가계부의 꽃은 결산이라고 할 수 있습니다. 저는 각 주차별로 각
각의 분류항목에서 얼마나 지출했는지 결산했어요. 다음 결산표를
보면 4, 5주차의 경우 외식 금액이 너무 높았네요. 이렇게 결산해 보
면 "다음 달엔 외식비를 아껴야지." 하는 식으로 다짐하는 시간을
가질 수 있어요. 그리고 지난달과 비교해 얼마나 썼는지 알 수 있고
예산을 작성해서 비교할 수도 있죠. 저는 특히 월간 결산의 경우 한
눈에 볼 수 있게 별도로 그래프를 그려서 통제해요. 여러분도 주간

결산을 하면서 다음 주엔 무엇을 더 아껴야 하는지 파악해 보세요. 저는 이렇게 생활비 예산을 40만원으로 잡고 흑자가계부로 만드는 과정이 즐겁습니다. 목표를 달성하면 마음이 뿌듯해지죠.

주간/월간 결산 놓치지 마세요!

분 류	주 간 결 산					총지출액	지출비율	월 간 결 산		지난달	변화율
	1주	2주	3주	4주	5주			예산	예산비율		
주수입						0	#DIV/0!		#DIV/0!	2,403,410	0.00
부수입						0	#DIV/0!		#DIV/0!	226,223	0.00
노력머니						0	#DIV/0!		#DIV/0!	16,222	0.00
수입합계	0	0	0	0	0	0	100.00		#DIV/0!	2,645,855	0.00
저축	0	0	0	10,000	1,100,000	1,110,000	52.83		#DIV/0!	1,110,000	100.00
고정지출	250,000	0	39,450	0	79,220	368,670	17.55		#DIV/0!	390,600	94.39
변동지출	41,300	72,400	31,300	152,769	96,300	394,069	18.76		#DIV/0!	437,340	90.11
돌발지출	0	200,000	28,290	0	0	228,290	10.87		#DIV/0!	729,303	31.30
지출합계	291,300	272,400	99,040	162,769	1,275,520	2,101,029	100.00		#DIV/0!	2,667,243	78.77
집밥	0	0	0	45,500	0	45,500	11.55		#DIV/0!	5,500	827.27
외식	30,000	0	0	61,469	83,800	175,269	44.48		#DIV/0!	243,700	71.92
야식간식	4,300	17,600	2,000	2,800	0	26,700	6.78		#DIV/0!	18,400	145.11
생활용품	0	0	0	0	0	0	0.00		#DIV/0!	27,000	0.00
패션뷰티	0	0	0	43,000	0	43,000	10.91		#DIV/0!	98,600	43.61
교통차량	0	3,800	0	0	0	3,800	0.96		#DIV/0!	14,540	26.13
의료건강	0	0	0	0	0	0	0.00		#DIV/0!	9,600	0.00
자기계발	0	30,000	0	0	0	30,000	7.61		#DIV/0!	0	#DIV/0!
데이트여가	7,000	21,000	29,300	0	0	57,300	14.54		#DIV/0!	20,000	286.50
사회생활	0	0	0	0	0	0	0.00		#DIV/0!	0	#DIV/0!
애견	0	0	0	0	12,500	12,500	3.17		#DIV/0!	0	#DIV/0!
기타변동	0	0	0	0	0	0	0.00		#DIV/0!	0	#DIV/0!
변동지출합계	41,300	72,400	31,300	152,769	96,300	394,069	100		#DIV/0!	437,340	90.1059

엑셀에서는 작성한 도표를 그래프로 변환해 줍니다. 그래프를 보면 저축액과 고정지출이 대략 잡히고, 돌발지출과 변동지출이 줄고 있는 것을 확인할 수 있어요. 그래서 내가 지금 어떤 상황인지 한눈에 파악할 수 있지요.

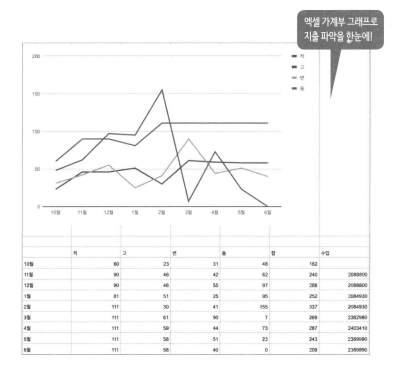

	적	고	변	돌	합	수입
10월	60	23	31	48	162	
11월	90	46	42	62	240	2088800
12월	90	46	55	97	288	2088800
1월	81	51	25	95	252	2084930
2월	111	30	41	155	337	2084930
3월	111	61	90	7	269	2382980
4월	111	59	44	73	287	2403410
5월	111	58	51	23	243	2389990
6월	111	58	40	0	209	2389990

■ 연간 돌발지출에 대비하는 연간 가계부

다음 표는 앞에서 소개한 한 달 가계부와는 별도로 작성하는 연간 가계부의 일부예요. 특별일정란을 따로 만들어서 각 달에 예상되는 큰 지출을 작성하고 미리 대비합니다.

'연간비'는 돌발지출로 인해 한 달 생활비에 큰 타격이 생기는 것을 막아줘요. 각 월에 해당하는 특별 일정과 지출 예상 항목, 지출 예상 금액을 미리 파악해 내년을 준비하는 것이죠. 만약 내년 연간 비 예산을 정하고 연간비 목적의 적금을 납입하는 이 과정이 없다면, 갑작스러운 목돈 지출로 한 달 생활비 목표금액에 적자가 날 수도 있고, 가계부 쓸 의욕마저 사라져 손을 놓게 될 수도 있어요.

> 연간 가계부로 돌발지출에 대비하며 저축 계획을 세워 보세요!

2019년 연간표																
항목	1월	2월	3월	4월	5월	6월	7월	8월	9월	10월	11월	12월	1년 총합계	1년평균	작년 평균
특별 입 입 항	**생일	일		**생신	어버이날	**생일	재산세	주민세	재산세/자주	**기념일	아빠환갑	크리스마스				
수입 주수입																
부수입																
노력비니																
수입 합계																
저축 저축																
저축율(월금대비)																
지출 고정지출																
변동지출																
돌발지출																
지출 합계																
잉여자금 (주+수입·저축·고정 변화)																
연금예금 (주/부+지출·저축·전체지출)																
비 고																
적금 연기 체크									**월별누구수입기	더성망기기	**월말약체출선기					
우리집 순자산 (예/적금/CMA)																

이런 식으로 적금과 저금, 비상금 등의 현황을 파악 및 관리하면서 앞으로 있을 큰 지출을 고려하여 저축 계획을 수립해요.

가계부를 토대로 저축계획 수립하기

- 3년 이상 쓴 휴대폰을 교체할 시기가 되었으니 새 휴대폰 구입을 위한 자금 마련하기
- 특정 시점에 적금 들기(예: 어느 시점에 얼마나 들 것인지)
- 만기된 적금 활용 계획 세우기(예: 예금으로 얼마나 넣을 것인지, 비상금은 얼마나 남겨둘 것인지)

이런 식으로 모든 상황을 기록해 두면 이후에 일어날 일에 조금이나마 미리 대비할 수 있어요.

가계부 쓰기에 정답은 없다!
내 스타일에 맞게 가계부 쓰기

꾸준히 가계부를 쓰며 흑자 생활을 경험하기 위해서는 자신에게 맞는 방법을 찾는 것이 가장 중요합니다. 저도 월재연 카페에서 많은 분의 가계부를 보며 참고할 부분은 참고하고, 제게 맞지 않는 부분은 과감히 뺐어요. 그리고 가계부를 쓰다 보면 특별히 필요한 부분이 생기는데 그런 내용을 추가하면서 여러 번 수정을 거쳤습니다. 여러분도 가계부 쓰기를 생활화하다 보면 자신에게 맞는 가계부를 점차 만들어나갈 수 있을 거예요.

이렇게 돈 모으기 꿀팁들과 가계부 쓰기, 결산하기 등을 실행하면서 끊임없이 재테크를 잘하기 위해 고민하고 노력한 결과, 사회생활 8개월 만에 총 2,700만원 모으기 달성에 성공할 수 있었어요!

제가 이렇게 돈을 모을 수 있었던 데는 작은 실천 하나하나의 힘이 컸다고 믿어요. 이 책을 보는 여러분도 '가계부 쓰기' 하나만이라도 함께 실천해 보시길 바랍니다.

푼돈을 목돈으로 만들어주는
21일 강제저축 프로젝트(feat. 커피적금, 고양이적금)

'선저축 후지출' 습관 만들기가 어렵다면 21일 강제저축 프로젝트에 도전해보세요.
왜 하필 21일이냐고요? 재테크뿐만 아니라 다른 일도 21일 동안 반복하면 습관이 되
기 때문이에요. 우리 뇌가 어떤 일을 습관으로 받아들이는 데 필요한 최소 시간이 21
일이거든요! 1,000원, 2,000원도 괜찮아요. 불필요하게 쓰는 돈을 찾아내 21일 동안
저축해 보는 거예요. 매일 마시는 커피값을 줄여 '커피적금'을 만들 수도 있고, 여행
을 목표로 공돈을 저축한다면 '여행적금', 차를 사는 데 필요한 세금, 보험료 등을 모
으는 '티볼리적금' 등 나에게 동기를 부여해 주는 이름을 붙여 게임처럼 재밌게 돈을
을 모아보세요!

∶ '두번째버핏'님의 커피적금
'두번째버핏'님은 매일 마시는 커피값 3,000원을 절약해 강제저축을 하고 있어요. 벌
써 80일을 돌파했는데요, 커피값뿐만 아니라 주식 배당금이나 기타 부수입도 커피
적금에 넣고 있다고 해요. 하루 3,000원이면 소소한 것 같지만 두 달 만에 벌써 50만
원 가까이 돈을 모으셨네요! 대단하죠?

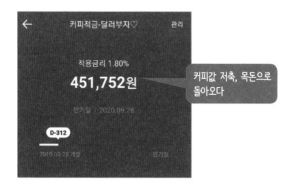

: '콩콩이자반'님의 고양이적금

반려동물과 함께 살면 좋은 점이 많지만 아플 땐 병원비가 상상을 초월한다고 하죠? '콩콩이자반'님은 함께 사는 고양이 망고의 건강검진비를 마련하기 위해서 하루 커피 한 잔 값을 절약해 강제저축하고 있어요. 벌써 216일째 꾸준히 강제저축해서 모은 돈이 벌써 110만원이 넘었네요! 콩콩이자반님처럼 소소한 금액이라도 꾸준히 모으면 반려동물의 건강검진비 지출방어, 어렵지 않아요!

이렇게 나에게 동기부여가 되는 목표를 정하고, 매일 소액이라도 저축하는 습관을 들이면 푼돈이 목돈 되는 건 시간문제입니다. 여러분도 나만의 목표를 설정해서 지금 당장 시작해 보세요!

데이트 비용?
하나도 안 들어요!
1년에 1,000만 원
블로그테크!

ID 지능

□ ....
각종 블로그 체험단을
섭렵한 파워블로거

□ ....
0원으로 데이트,
문화생활도 마음껏!

□ ....
한 달에 80만 원 이상
절약하는 블로그테크 여왕

목표 선언!
애들아, 난 파워블로거가 될 거야!

2018년 9월 퇴사 후 저는 파워블로거가 되겠다는 꿈을 가졌어요. 하지만 막상 파워블로거 하면 떠오르는 건 온라인에서 영향력 있는 인플루언서 정도일 뿐, 무얼 어떻게 해야 파워블로거가 될 수 있는지도 모르고 그저 어렵다고만 생각했죠. 그래서 우선 주변 사람들에게 파워블로거가 되겠다고 선언부터 했답니다. 그렇게 시작한 블로그가 이제는 제 삶의 일부가 되었습니다. 전에는 커플통장에서 지출되는 금액과 부족한 금액을 개인비용으로 충당해야 했다면 지금은 블로그 덕분에 커플통장 지출금액도 줄고 개인비용도 절약하게 되었어요!

퇴사 후 데이트비와 생활비 방어를 위해 만든 블로그

블로그테크의 힘은 기록에서 나온다!

다음은 제가 2018년 11월부터 블로그 체험단으로 활동한 내역이에요. 삼성노트를 이용해서 누락이나 차질 없이 기록하고 있어요. 2018년 11월부터 2019년 10월까지 총 11개월간 체험한 내역을 모두 계산해 보니 무려 9,066,830원이나 되네요! 한 달에 80만원어치 이상 먹고 생활한 것이나 마찬가지죠. 블로그 체험단을 통해 정해진 금액만큼 먹고 포스팅하면 네이버에서 해피빈도 받을 수 있고, 애드포스트˙로 부수입도 얻을 수 있어요. 블로그를 시작하고 3개월 후에 바로 애드포스트를 신청하고 부수입을 얻은 지 10개월이 흐른 현재(2019.10.22 기준)까지 애드포스트로 3만원가량 벌었어요. 9월부터는 블로그 기자단도 신청해서 9월에는 54,000원, 10월에는 117,835원의 수익을 얻었습니다.

선정된 블로그 체험단이 20개가 넘다 보니 정리할 곳이 필요했는데, 삼성노트가 체크도 가능하고 정리하기 편해서 처음부터 지금까지 쭉 사용하고 있어요.

˙ 애드포스트: 네이버 블로그, 포스팅 등에 광고를 게재하고 광고에서 발생하는 수익을 배분받는 서비스

애드포스트 부수입은 3만원 정도, 블로그기자단은 5만~10만원 정도

　블로그를 키우는 과정에서 '과연 내가 체험단에 선정이 될까?' 싶
어 한 발짝 더 다가서지 못하는 분들을 카페에서 종종 만나게 되는
데요, 저만 해도 처음 블로그를 키울 때는 블로그 체험단이라는 게
있는지도 몰랐어요. 어느 날 식사하면서 '파워블로거한테는 혹시 식
사가 제공되지 않을까?' 하는 생각에 식사하던 곳을 네이버 검색창
에 검색해 봤더니, 마침 운 좋게도 '사장이랑 블로거랑'이라는 카페

를 통해 체험단을 구하고 있었어요. 정말 운 좋게도 현재진행형이었던 맛집 체험단에 신청하면서 첫 체험단 활동을 시작했죠. 이날을 계기로 온라인 카페에서 사장님들과 블로거 간에 체험단 활동이 이루어지고 있다는 것을 알게 되었어요.

카페를 통해 체험단 활동을 한두 번 경험하니 그때부터 보물찾기 마냥 주변에서 맛집 체험단이 있나 살펴보게 됐고, 카페와 블로그, 사이트까지 20곳 넘게 둘러보면서 일명 '체험단 전문가'가 되었죠. 제 성격상 한번 검색하면 끝까지 파고드는데, 네이버 검색창에 '블로그 체험단', '맛집 체험단' 등 체험단과 관련된 단어를 검색하면서 연관 검색어를 타고 가다가 현재는 스마트폰에 'blog 관리'라는 폴더까지 만들어서 관리하게 되었어요.

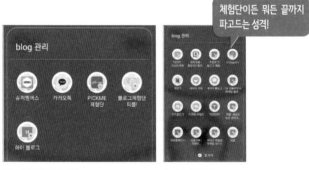

지늉의 블로그 관리 폴더   체험단 신청모음

스마트폰으로 간편하게 블로그에 포스팅할 수 있어서 바탕화면

에 다양한 홈페이지와 블로그를 아이콘으로 만들어 두고 체험단을 신청하고 있어요. 사이트 구축이 잘돼 있는 곳일수록 신청하는 블로거들이 많아 경쟁률이 높아요.

대표적으로 '디너의여왕', '레뷰(구 위블)'가 있는데 인기 있는 체험 같은 경우 적게는 100명 많게는 1,000명 단위로 몰리다 보니 당첨되기 어렵더라고요.

이 두 사이트 외에도 '서울오빠', '미블', '티블', '리얼리뷰', '포블로그', '마녀체험단', '포피플', '애경 서포터즈' 등도 홈페이지가 구축된 블로그 체험단 사이트예요.

이외에 블로그나 카페도 있는데 블로그의 경우 '쉬즈블로그'~'쉬즈블로그6'을 가장 많이 이용하고 '드루와체험단', '암행어사', '우리오늘만나', '꿀같은 체험', '파블로체험단', '놀자블로그', '오마이블로그', '핫블', '유리뷰', '블로그원정대', '하트블로그'에서도 이웃목록을 확인하면서 방문할 때마다 마음에 드는 게 있으면 신청하고 있어요.

카페는 '사장이랑 블로거랑', '똑똑체험단', '블로그바스켓', '엔서스체험단', '인천블로그 체험단', '시원뷰', '루자크컴퍼니', '베스트 체험단', '퀸25', '더먹자' 등을 이용해요.

블로그테크의 특장점 – 다양한 분야의 체험이 가능!

블로그테크의 가장 큰 장점은 여러 분야를 다양하게 체험할 수 있다는 거예요. 맛집 체험 정도로만 생각하는 분들도 계시겠지만 실제로는 맛집뿐만 아니라 뷰티, 취미, 놀거리, 배송 제품 등 다양한 체험을 할 수 있어요. 다음 페이지의 사진들은 제가 실제로 체험한 다양한 활동들이에요!

블로그 체험단을 하면서 가장 기억에 남는 건 첫 바다낚시를 체험한 거예요. 새벽 3시에 출항해서 오후 3시에 입항했는데 아직까지 기억에 남아 있어요. 바다낚시 외에도 맛집에 가서 랍스타스튜, 소고기 무한리필, 해물 샤부샤부, 해신탕, 두겹살 등 다양한 음식을 맛보았고, 스터디카페 4주 이용권과 화장품, 생활용품 등도 쏠쏠하게 사용하고 있어요. 여자로서 한 번쯤은 해보고 싶은 피부관리, 몸매관리도 할 수 있어서 삶이 한층 더 윤택해지는 것 같아요.

이 밖에도 기자단이나 서평단 활동을 통해 3만~10만원의 부수입을 얻기도 했어요. 블로그를 하다 보니 콘텐츠나 방문자 수에 대한 고민도 하게 되고, 틈틈이 시간 날 때마다 블로그를 하니 일상이 부지런하게 바뀌더라고요.

부지런함과 다양한 체험으로 삶의 질을 높이고 싶다면, 지금이라도 블로그를 시작해 보세요!

명품생고기무한리필
(소고기 무한리필+육회+음료)

어부의 밥상
(해물샤부샤부+칼국수+음료)

긴꼬리초밥
(단짝세트)

어라운드스터디카페
(4주 이용권)

히어로보드게임카페
(2시간 이용+음료)

벌툰
(2시간 이용+음료 2+음식)

EZ왁싱라운지
(팔 하프 왁싱)

헤어인더시티
(매직시술)

루소주얼리
(은반지 커플링 제작)

애경 서포터즈
(2080 팔레트치약)

애경 서포터즈
(사철쑥아크네케어 바디워시)

애경 서포터즈
(AGE 20'S 팩트)

체험단 신청, 구체적으로 어떻게 하지?

처음 블로그 체험단에 진입하는 분들은 ① 카페→② 블로그→③ 사이트 순서로 신청하는 게 좋아요. 카페나 블로그는 선정 확률이 높지만, 진입권이 높은 사이트부터 신청하면 많은 사람들과 경쟁해야 해서 선정되지 않을 가능성이 높거든요. 우선 선정되는 기쁨을 누리면서 범위를 확대하는 게 가장 좋은 방법이라고 생각해요. 저도 처음에는 카페, 블로그 순서로 신청했는데 선정이 쉽게 되는 줄도 모르고 막 신청했다가, 한 달 동안 남자친구랑 만날 때마다 체험단 활동을 해야 했어요. 이때는 다행히도 제가 백수여서 가능했지만 직장인이었다면 다 체험하는 건 불가능했을 거예요.

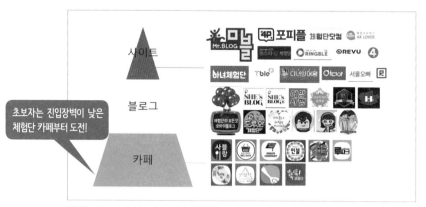

체험단 활동을 할 수 있는 다양한 채널

저는 '카페 체험단'을 키워드로 검색해서 '엔서스 체험단', '시원뷰', '더먹자', '퀸25' 등의 카페를 알게 됐어요. 카페는 대부분 선착순으로 신청 받기 때문에 처음에 진입하기가 쉬운 편이에요. 신청하고 나서 당첨되면 카카오톡으로 안내 문자가 와요. 제목이나 태그 등 체험단에 대한 가이드라인을 주는데 처음에만 어렵지 나중에는 쉬워지니까 한번 도전해 보세요.

이 밖에도 블로그로 체험단을 모집하기도 해요. 저는 '쉬즈블로그', '오마이블로그', '유리뷰', '암행어사' 등을 이용하는데 개인적으로는 '쉬즈블로그'를 추천해요. 체험단 신청 후 당첨되면 문자가 와요. 발표 글은 카페나 블로그에서 확인하면 되고 카페나 블로그에 후기를 포스팅한 URL을 올리면 돼요.

블로그 외에도 '디너의여왕', '택배의여왕', '레뷰', '4blog', '리얼리뷰', '서울오빠' 등과 같이 퀄리티 높은 체험을 할 수 있는 다양한 체험단 홈페이지가 있는데, 앞서도 언급했듯 구축이 잘되어 있는 '디너의여왕', '레뷰'의 경우 퀄리티 높은 체험을 할 수 있어서 사람들이 많이 몰리는 게 특징이에요. 선정 확률은 높지 않지만 선정만 된다면 양질의 체험을 할 수 있어서 일거양득의 기쁨을 누릴 수 있어요.

다음은 제가 가장 잘 이용하는 쉬즈블로그의 체험단 신청과 포스팅 후기 등록 과정을 정리한 거예요. 여러분도 같이 해 보시겠어요?

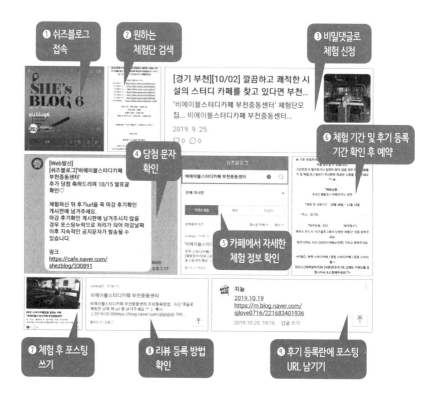

① 쉬즈블로그
접속

② 원하는
체험단 검색

③ 비밀댓글로
체험 신청

④ 당첨 문자
확인

⑤ 카페에서 자세한
체험 정보 확인

⑥ 체험 기간 및 후기 등록
기간 확인 후 예약

⑦ 체험 후 포스팅
쓰기

⑧ 리뷰 등록 방법
확인

⑨ 후기 등록란에 포스팅
URL 남기기

'쉬즈블로그'뿐만 아니라 다른 블로그나 카페, 사이트에서도 비슷한 방식으로 체험단 활동이 이루어져요. '레뷰'나 '디너의여왕' 같은 사이트의 경우는 컴퓨터로 배너를 복사+붙여넣기한 다음 후기를 등록해야 완료할 수 있어요. 질 높은 체험을 할 수 있어서 좋지만, 배너를 등록해야 해서 스마트폰이 아닌 PC로 마무리해야 한다는 점이 좀 귀찮기도 해요. 그렇지만 좋은 것엔 늘 끌리는 법. 그래서 제가 계속 신청하게 되나 봅니다.

약 1년 동안 블로그를 키우면서 하루에 적으면 1건, 많으면 5건까지도 포스팅을 썼더니 현재까지 쓴 포스팅만 450개 이상이네요. 한 달로 따지면 월 40개의 포스팅을 한 셈이죠. 포스팅이 늘면서 방문자 수도 자연스럽게 늘어서 현재 전체 누적 방문자 수는 95,000명 정도예요. 포스팅 수와 방문자 수가 늘어나는 것을 보면서 포스팅을 지속하자는 마음을 계속 유지했던 것 같아요.

블로그 권태기, 포스팅의 습관화로 극복하자!

블로그를 운영하는 분들의 말을 들어보면 블태기(블로그 권태기)를 겪는다고 하더라고요. 저는 블태기에 대비해서 백조일 때 월 30~40 개의 포스팅을 꾸준히 쓰면서 습관화했어요. 직장 다닐 때, 결혼할 때, 임신과 출산을 경험할 때를 대비해서 꾸준함을 기르는 게 답이라고 생각했거든요. 직장에 다니는 지금도 남자친구와 밥값을 아끼기 위해 한 달 내내 먹을 수 있게 체험단 신청을 20~30곳 정도 꾸준히 하고 있어요. 남자친구와는 주 6~7회, 한 달 내내 거의 만나는 편이라 데이트 비용을 아끼려면 꾸준히 포스팅해야 해서 지금은 블로그 애플리케이션만 켜면 자동으로 포스팅을 시작해요. 시작이 어렵지 일단 하기 시작하면 그동안의 경험이 몸에 배어서 20~30분이면 포스팅할 수 있어요.

네이버 블로그를 시작하면서 처음에는 블로그를 키워야겠다는 생각이었다면 지금은 체험단 위주로 신청해서 데이트 비용을 아끼고 있어요. 그리고 블로그를 더 키워서 결혼할 때 가전제품같이 큰 제품을 체험단으로 협찬 받아 포스팅하는 게 꿈이 되었어요. 현재는 한발 더 나아가서 네이버 애드포스트와는 다른 티스토리 애드센스에 대해서 알아보다가 애드고시로 불리는 애드센스도 승인받았답니다. 애드센스는 티스토리에 5,000자 이상의 글을 5~6개 정도 올리면 승인받을 수 있다고 하니 도전해 보세요. 저도 NCS● 교육받은 내용을 한글로 적어서 그대로 옮겼더니 2만자 정도 돼서 바로 승인받았어요. 하나씩 도전해서 성공하다 보면 나뭇가지 뻗어나가듯이 알아가고 얻어가는 정보들이 많은 것 같아요.

블로그 체험단에 선정되려면 무조건 방문자 수가 많아야 한다는 편견에 사로잡혀 도전하지 못하는 분들에게 자주 선정되지 않아도

●　NCS: National Competency Standards의 준말. 산업 현장에서 직무를 수행하는 데 필요한 지식·기술·소양을 국가가 산업 부문별, 수준별로 체계화한 것

좋으니, 꼭 신청해서 한 번만이라도 체험단 활동을 해보시라고 말씀
드리고 싶어요. 저도 꼭 된다는 생각보다는 식비를 아껴야 한다는
생각으로 도전해서 지금까지 계속하고 있거든요. 다양한 음식도 맛
보고 주변 지인들에게 맛집을 소개할 때면 굉장히 뿌듯하고 삶의 활
력이 느껴져요. 식비를 줄이고 싶은 분들, 블로그테크를 원하는 분
들, 데이트 비용을 아끼고 싶은 커플들에게 블로그 체험단 활동을
하면 다양한 경험도 할 수 있고 부수입도 벌 수 있으니 꼭 시작하라
고 추천드리고 싶어요.

> **T I P**
>
> **블로그 체험단 활동 수칙 3가지**
>
> ① **블로그 활동을 꾸준히 해서 방문자 수를 높인다.**
> → 방문자 수가 많으면 기자단 활동을 할 때 단가가 두 배로 뛰어요!
> → 방문자 수가 많으면 광고를 누르는 사람들이 많아져 애드포스트 수익도 늘어나
>   겠죠?
>
> ② **상위노출 조건: 사진 20장 이상, 글 2,500자 이상, 제목은 짧게!**
> → 이 조건을 잘 활용해 쓴 글이 상위에 노출되면 방문자 수는 자연스럽게 늘어나요!
>
> ③ **'네이버 블로그는 어떤 글을 좋아할까'를 염두에 둔다.**
> → 하루 3건의 일상적인 글보다 1건의 전문성이 돋보이는 글이 핵심 포인트!
> → 재테크, 여행, 요리, 육아 등 명확한 한 가지 주제에 집중!

줄어든 월급,
출퇴근 시간
앱테크로 방어해
저축률 70%
달성!

ID 딜라잇aya

□ ·········· ·········
앱테크, 카테크, 블로그테크
재테크 삼총사 달인

□ ·········· ·········
월재연 머니메이트들과 함께
하는 지속가능한 재테크

□ ·········· ·········
각종 부수입으로 지출 방어
하여 저축률 70% 달성

남들보다 늦은 취업
월재연을 만나 본격 재테크 시작

저는 오랜 기간 시험 준비를 하느라 계약직으로 일하며 모은 돈을 대부분 써버리고, 2018년 3월 뒤늦게 다른 분야로 취업을 했습니다. 하지만 불안정한 계약직일 때보다도 월급이 40만~50만원이나 줄어들었어요. 남들보다 취업도 늦었는데 심지어 급여까지 줄어 고민하던 차에, 다행히 월재연을 만나서 수입과 지출을 관리하며 생활하고 있습니다. 적성에 잘 맞는 일은 아니지만 업무량이 많지 않아 회사에서도 짬이 많이 나는 편입니다. 덕분에 월재연을 자주 들여다볼 수 있었어요.

무료한 출퇴근 시간,
인터넷 쇼핑보다 앱테크에 투자해보자!

앱테크●에 대해 들어보셨나요? 앱테크란 각종 애플리케이션의 이벤트나 출석체크, 퀴즈 등에 참여해서 부수입을 올리는 재테크 방법이에요.

● 　앱테크: 각종 애플리케이션의 이벤트, 출석체크 등에 꾸준히 참여하여 혜택을 얻는 것

월재연에는 부업, 부수입방(부업, 앱테크 등) 게시판이 있어서 앱테크 최신정보를 쉽게 접할 수 있어요. 월재연을 알기 전에도 저는 AK몰, 더페이스샵, 네이처컬렉션 등 주로 화장품 쪽에서 나름대로 소소하게 앱테크를 하고 있었어요. 월재연을 안 이후 지금은 엄청나게 다양한 애플리케이션을 쓰고 있고요. 제가 쓰는 모든 앱테크 애플리케이션에 출석체크를 완료하려면 대략 40분 정도 걸리는데, 1시간 가까이 걸리는 출근 시간을 활용하고 있어요. 기본적인 출석체크, 설문조사, 잠금 애플리케이션 중 제 생활에 맞는 것 위주로 하고 있고, 메인 폰과 공기계 폰 2개를 사용하면서 메인 폰에는 최대한 부담을 주지 않으려고 노력합니다. 이렇게 모은 적립금들은 현금화가 가능하면 출금하거나 생활비, 식비 방어에 사용합니다. 어찌 보면 부수입인 셈이지요. 자주 모이는 모임에서 스타벅스를 애용하는데 AK몰, H포인트, 인터파크 등을 통해 모은 기프티콘으로 지출을 방어하고 있습니다(예: 앱테크로 모은 적립금으로 2,000~3,000원짜리 기프티콘을 사서 스타벅스 카드와 복합결제).

월재연의 부수입방 게시판

본격적인 앱테크의 첫걸음, 애플리케이션 설치하기

OK캐쉬백, 클립, 리브메이트 등 애플리케이션을 처음 설치할 때 경유*하면 혜택을 주는 곳들이 꽤 많습니다. 또, 추천인 등록 시 양쪽 모두 혜택을 주는 경우도 많으니 꼭 검색해 보세요. 저는 월재연에서 애플리케이션 이름+추천인으로 검색해서 추천인에 월재연 회원님 아이디를 넣어서 혜택을 받았습니다. 혹은 첫 가입 때 혜택을 주는 곳들도 있습니다.**

리브메이트   맘큐   팔라고

● 　애플리케이션 경유: OK캐쉬백이나 CLip, 엘포인트, 리브메이트 등 다양한 애플리케이션에서 지정하는 신규 애플리케이션을 설치 시 포인트를 지급하는데, 이 경로를 통해 애플리케이션을 설치하고 포인트 또는 혜택을 받는 것

●● 　앱테크 혜택이나 이벤트는 시기에 따라 또는 매일매일 바뀌기도 합니다. 앱테크에 대한 최신 정보는 월재연 카페 게시판[부수입방(부업, 앱태크 등)]에 업데이트되니 참고하세요.

■ 앱테크 실천 ① 출석체크 애플리케이션(매달 30만원 절약)

금융사 애플리케이션들은 현금으로 전환할 수 있기 때문에 평소 빼먹지 않고 날마다 출석체크를 하고 있습니다. 요즘은 깜짝 퀴즈들도 많이 있기 때문에 포인트 모으는 재미가 쏠쏠한 편입니다. 그 외에 식비, 미용비, 생활잡화 비용을 절약할 수 있는 애플리케이션들 중 제 생활패턴에 맞는 애플리케이션에 출석하고 있습니다. 이런 앱테크를 통해 한 달 평균 30만원 정도를 절약하고 있습니다.

개인적으로 뷰티와 관련해서는 아모레퍼시픽과 LG생활건강을 좋아해서 예전부터 앱테크를 하고 있는데요, 적립금도 잘 모입니다. 특히 뷰티포인트는 포인트를 2배 사용(반값포인트로 결제)하는 이벤트 기간도 있고, 이니스프리나 아리따움에서 공병 적립으로도 적립금을 모을 수 있어서 좋아요. 사용처도 많고요. 뷰티포인드로 기프티콘을 구매할 수도 있어서 완전출석에 신경 쓰고 있습니다.

딜라잇 aya의 출석체크 애플리케이션

출석체크 애플리케이션 총정리

- **금융사:** 하나머니, 신한페이판, 올댓쇼핑, 리브메이트 – 현금화 가능
- **롯데 계열:** 롯데홈쇼핑, 파스퇴르몰, 세븐일레븐, 하이마트, 라임, 엘포인트
- **식비:** SK스토아, 정원이샵, ns몰, 신세계푸딩, 우체국 쇼핑, 나만의 냉장고
- **잡화, 미용:** ak몰, 뷰티엔젤, 뷰티포인트, 마리오몰
- **기타:** 인터파크, 인터파크 도서, 인터파크 투어, H포인트, 팔라고, K쇼핑, 택배파인더

 * 추천: 금융사, 롯데 계열, 아모레퍼시픽몰, 택배파인더

■ 앱테크 실천 ② 설문조사(현금화 유리)

　현재 저는 헤이폴, URX, 엠브레인패널파워, 서베이링크, 라임 등에서 온라인 설문조사를 하고 있어요. 관심사나 구입한 물건 등에 대한 것을 물어볼 때 자신이 성실하게 대답할 수 있는 선에서 많이 선택해야 유리한 것 같아요. 일관성 없이 답할 경우 다음부터 설문이 제한될 수도 있어서 주의해야 합니다. 저는 매일 수시로 체크하고 설문이 뜨면 바로 가서 해요. 포인트를 많이 주는 설문들은 대부분 선착순이거든요. 월재연 이벤트방 애플리케이션 푸시도 도움이 많이 됩니다.

설문조사 애플리케이션 총정리

- **헤이폴(구 틸리언):** www.heypoll.co.kr
  OK캐쉬백, 문화상품권 등으로 교환 가능. 캐쉬백받는 데 시간이 걸림. 캐쉬백은 최소단위 제한 없음
- **엠브레인 패널파워:** www.panel.co.kr/user/main
  1만원 단위로 현금 지급. 문화상품권 등으로 교환 가능. 설문, 좌담회 참여 가능
- **패널나우:** www.panelnow.co.kr
  2,000원 이상 현금 교환, ㅣ-포인트 교환. 퀵서베이로 1인 1포인트짜리 설문이 있고, 설문 후에 댓글 달면 추가로 1포인트 지급. 주말에는 다포인트 설문이 있고, 그 페이지 통해 설문 시 추가 포인트 지급. PC, 스마트폰 전용 설문이 있음. 잠금 애플리케이션이 있어서 유용
- **URX:** www.urx.co.kr/MWEB/main/main_index.html
  PC로만 가능. 금액대가 큰 편이지만 설문이 지루한 편. 바로 포인트가 적립되지 않는 게 많은 편
- **서베이링크:** www.surveylink.co.kr/index.html
  애플리케이션 없음. 설문은 가장 적지만 좌담회 참여 가능

■ 앱테크 실천 ③ 잠금 애플리케이션

저는 적립 포인트가 현금으로 환산되거나 현금화 시 수수료가 붙지 않는 애플리케이션을 선호합니다. 잠금 애플리케이션을 많이 설치하면 핸드폰을 급하게 켤 때 버벅대거나 프로그램을 실행할 때 무거워지는 느낌이 들어서 가장 유용한 애플리케이션만 골라서 사

용하고 있습니다.

앱테크를 시작한 초기에는 방치해둬도 포인트를 주는 애플리케이션들을 설치한 적이 있는데, 알고 보니 1포인트가 현금 1원이 아니라 김이 빠져서 삭제한 적이 있습니다. 현재는 퀴즈를 풀기 위해서 설치한 '리브메이트 with 버즈스크린'과 문화상품권을 받을 수 있는 '짤' 애플리케이션을 사용하고 있습니다.

잠금 애플리케이션 총정리

- **짤**: 컬처상품권 1,000원 단위로 교환. 공기계에는 설치 불가. 환급이 높은 편. 친구초대, 짤짤이 룰렛, 출석미션, 광고 보기, 외부충전소 등을 통해 적립 가능
- **캐시워크**: 기프티콘 교환. 하루 10,000보까지 캐시 적립. 적립한 캐시는 편의점, 카페, 빵집, 레스토랑 등에서 사용 가능. 12시간 안에 보물상자를 눌러서 포인트를 획득해야 함
- **패널락**: 패널나우와 연동
- **원더락**: CJ ONE 포인트와 연동
- **모아락**: L-money와 연동
- **CLip 잠금화면**: CLip과 연동

앱테크 외 다양한 부업은?

앱테크로 포인트를 차곡차곡 모을 수 있지만 이제는 현금화되는 게 설문 애플리케이션 빼곤 딱히 없더라고요. 그러던 차에 월재연 재테크 고수 똘똘새댁님의 부업 특강을 듣게 되었고, 앱테크 외에도 다양한 부수입 창출 노하우를 접하면서 큰 도움을 받았어요.

■ 부업 ① 좌담회 – 회당 3만~10만원 수입

고민하던 좌담회를 이때부터 열심히 신청하기 시작했어요. 한 달에 2번 정도 가는 걸 목표로 해서요. 저는 퇴근 후 좌담회 참여에 부담이 없어 신청 가능한 것은 다 신청하고 있어요. 그중 연락이 오는 게 월 3~4개 정도 되고, 사전 인터뷰에 통과해서 참석하는 게 월 2번 정도 됩니다. 제가 다니는 회사가 강남에 있는데 좌담회 장소도 대부분 이쪽이라 부담 없이 참석하고 있어요. 저녁을 챙겨주는 곳도 있고, 2시간 정도 참여로 3만~5만원 정도 수익을 올릴 수 있어서 좋아요.

간혹 사전과제가 있는 좌담회의 경우 과제비를 별도로 줘서 수익이 더 좋아집니다. 특히 2019년 하반기에는 한 브랜드 크리에이터에 선정되어 6개월 동안 월 1회 참석하고 회당 10만원씩 수익을 내고 있습니다.

■ 부업 ② 핫딜 – 얻은 수익은 가계부 부수입으로 관리

월재연의 많은 고수님들이 놓치지 않고 하고 계신 핫딜! 핫딜은 여러 온라인 사이트에서 매일매일 다른 상품들을 매우 저렴한 가격에 판매하는 것을 말합니다. 아주 저렴한 가격에 판매하는 만큼 판매 개수에 제한이 있거나 판매 시간에 제한이 있는 경우가 대부분이죠.

제가 월재연 고수님들을 열심히 따라갈 때 가장 힘들었던 게 핫딜이었어요. 빨리빨리 해보려고 해도 실패할 때가 많았거든요. 그나마 원래 하던 리브메이트의 핫딜은 실패가 많음에도 꾸준히 도전하고 있습니다. 할인폭이 크진 않더라도 자주 이용하는 곳이면 사용하고 있어요. 핫딜에서 구매한 기프티콘이나 상품들을 기프티스타, 니콘내콘, 중고거래 등으로 판매해 수익을 내기도 하고 얻은 수익은 가계부에 부수입으로 관리하고 있어요.

■ 부업 ③ 이벤트 – 단 1%의 가능성에도 도전

월재연을 만나서 각종 이벤트에 응모하기 전에도 스팸 연락은 많이 왔기에 저는 개인정보는 이제 개인 것이 아니라고 생각한 지 오래입니다. 그래서 전화번호, 주소 정도 넣는 이벤트들에는 열심히 참여하고 있어요. 화장품 샘플이나 치킨 기프티콘, 백화점 상품권 등 '이게 될까?' 싶었던 것들이 하나씩 당첨될 때마다 부지런했던 과

거의 나에게 고마워합니다. 그래서 1%의 가능성이라도 있다면 이벤트에 참여하려고 해요. 처음엔 무턱대고 참여했지만 이제는 당첨 가능성을 올리기 위해 이벤트 취지를 먼저 숙지하는 등 노력하고 있습니다. 또한 많은 이벤트에 참여하다 보니 이벤트 내용과 당첨일을 까먹는 일이 있어서 다이어리에 기록해 놓고 확인하는 편입니다.

함께하면 지속가능한 절약저축

■ 혼자서는 외로워! ① 오프라인 '절약저축모임'

월재연에서는 주기적으로 많은 특강을 실시합니다. 전 그중에서도 절약저축모임 1기 멤버입니다. 모집 예고 글을 보자마자 '내게 필요한 건 이거다! 월새연이라는 따뜻한 울타리 안에서 머니메이트를 찾자!'라고 생각하고 모집날 알람까지 설정해 두고 대기하다 재빨리 신청했어요. 비슷한 연령대의 분들이 많아서 지금까지도 카톡

월재연 머니메이트들과 지속가능한 재테크를!

78

방에서 즐겁게 어울리며 정보를 공유하고 있어요. 요즘은 서로 격려하며 운동도 하고 있답니다. 지치지 않고 함께 으쌰으쌰할 존재들이 있다는 것만으로도 월재연 생활이 한층 더 즐거워지더라고요!

■ 혼자서는 외로워! ② 10만방 가계부 쓰기

저는 2018년 8월부터 월재연 10만방*에 입성해서 가계부를 쓰고 있어요. 하고 싶은 건 꼭 해야 하다 보니 남들이 볼 땐 공감하기 어려운 지출이 있을 수도 있어요. 하지만 그 대신 다른 데서 최대한 아끼며 살고 있어요. 가끔 이렇게 아낀다고 아껴지겠나 싶다가도 가계부를 올리며 한 달을 마감하면서 보면 나름 열심히 산 것 같기도 하고, 반성도 하게 되더라고요. 그리고 어떤 가계부를 올려도 늘 힘이 되는 댓글들을 남겨 주시는 덕분에 행복하게 월재연 생활을 할 수 있는 것 같아요.

가계부를 쓰거나 여러 재테크를 즐겁고 오래도록 할 수 있는 방법은 월재연 같은 곳에서 자신에게 맞는 게시판을 찾아 꾸준하게 활동하며 다른 분들과 소통하는 거라고 생각해요. 가끔 모든 게 덧없고 지칠 때도 함께하니 힘이 나요. 요즘 제 월재연 생활에서 가장 재

●   10만방: 월재연 카페의 '[도전] 한달 10만원 살기' 게시판의 줄임말로, 한 달에 10만원 쓰기에 도전하는 회원들의 일상을 올리는 게시판

미있는 것은 다른 회원님들의 가계부를 구경하는 거예요. 미혼인 분들의 가계부는 제 가계부와 비교하면서 더 절약할 수 있는 기회가 되기도 하고, 기혼자 분들의 가계부를 보면서 미래의 지출에 대한 마음의 준비를 하기도 합니다. 또한 공유해 주시는 이벤트나 좋은 제품을 보며 많은 정보를 얻기도 해요.

부지런한 만큼 부수입이 따라 온다!
카테크, 블로그, 사이버머니 활용

월재연에서는 소비 절제가 잘 안 된다면 신용카드부터 자르라고 하지만, 저는 절제가 가능하다면 신용카드 혜택을 활용해도 좋다고 생각해요. 가계부 쓰기와 앱테크 외에도 푼돈을 모아 목돈을 만드는 방법을 소개합니다.

■ 카테크(신용카드, 체크카드)

전 신용카드를 꽤 많이 갖고 있어요. KB국민카드 6개, 현대카드 3개를 보유 중입니다. 체크카드는 더 많고요. 같은 카드사의 신용카드를 여러 개 가지고 있는 이유는 카드사마다 기본제휴비가 한 번만 나가기 때문입니다. 연회비는 카드사 조건에 따라 충족하면 면제도 가능합니다. KB국민카드는 9년 정도 써왔고, 현대카드는 3개 모두 올 초에 만들었어요. KB국민카드의 경우 굴비카드*라고 해서 실적을 공유하는 카드들이 있어요. 실적 공유가 되지 않는 반굴비 카드의 실적을 공유해 굴비카드의 혜택을 보고 있죠. 물론 소비 제어가 아직 어려운 분들은 카드 발급에 주의하셔야 합니다.

대부분 신규발급이 중단된 카드들인데 저는 실적 채우기 쉬운 카드를 우선으로 사용합니다. 할인을 받기 위해 필요 없는 지출이 발생하면 안 되니까요. 카드 뒷면에 주요 혜택을 적어두고 필요에 따라 사용하고 있습니다(국민카드의 경우 알파원카드**를 사용).

주 생활비는 체크카드와 파인테크로 쓰고 있어요. 체크카드는 카드사마다 이벤트가 달라서 여러 카드사의 카드를 가지고 있고 주로 무실적 적립카드를 선호합니다. 이렇게 카테크를 통해 기본 고정비인 교통비(카드 2개 총 9,000원)와 통신비(2만원)를 할인 받고 커피값도 파인테크 카드 스타벅스 청구할인을 통해 월 2만원씩 절약하고 있어요. 이 카드는 단종이지만 아직 발급 가능한 카드들 중에도 스타벅스 혜택이 좋은 것들이 많으니 본인이 스타벅스나 커피숍을 자주

●   굴비카드: 카드별 실적이 아니라 회원별 통합 실적을 인정해 주어 어떤 카드를 쓴든 상관없이 카드 사용 실적에 따라 일정 금액 이상이 되면 혜택을 주는 카드. 굴비카드를 제외한 일반적인 카드는 '반굴비카드'라고 한다.

●●   알파원 카드: 한 장의 대표카드로 보유 중인 모든 카드를 사용할 수 있는 카드. 오토체인지 기능으로 필요한 혜택을 따로 챙기지 않아도 자동으로 적용받을 수 있다.

간다면 지출 방어용으로 고려해보는 것도 좋을 것 같아요. 스타벅스 이외의 커피숍을 갈 경우에는 cj국민카드(투썸플레이스 10% 할인),

딜라잇aya의 카테크 현황

1 | 국민카드

- 레일에어(단종): 할부 실적 인정, 모든 실적 인정, 기차(KTX 포함)와 제주항공 특화
- 파인테크(단종): 교통비, 스타벅스 할인
- 포인트리라임(단종): 무실적 적립카드
- 굴비카드: 마이원(영화 할인, 단종), 이마트카드(커피, 이마트 할인), CJ국민(CJ 계열 할인)

2 | 현대카드

- 하이마트(단종): 통신비 할인(최대 2만원), 실적 인정이 편함
- 제로모바일: M포인트 최대 3% 적립
- 스마일카드: 이벤트용으로 만든 카드(G9, 지마켓, 옥션 1만원씩 할인받았음)

3 | 체크카드

- 우리페이코체크(단종): 페이코포인트 1.5% 적립
- 신한네이버페이: 네이버포인트 1% 적립
- 국민금융포인트리(단종): 무실적 적립카드
- 수협리얼와이드체크: 무실적 적립 0.5%, 수요일 적립 0.7%

이마트카드(커피업종 10%할인)를 이용하고 있어요. 이 두 카드는 현재 발급 가능한 굴비카드입니다. 저는 이 혜택들을 국민 알파원카드의 오토체인지 기능을 활용해서 카드 한 장으로 간편하게 사용하고 있어요. 혹은 기프티스타나 니콘내콘 등 기프티콘을 취급하는 곳에서 저렴하게 기프티콘을 구매해서 사용하기도 해요.

이벤트로 받는 스타벅스 기프티콘을 판매하기도 하고, 여름 고정 식비 중 하나인 맥주도 매달 카드사별로 8캔에 5,000원 할인이 있어서 잘 이용 중입니다. 또한 우리은행의 주기적인 목표 달성 이벤트로 5,000원~2만원 정도 페이백도 받고 있고, 몇 달째 하고 있는 비씨카드 페이북 500원 청구할인으로 식비, 간식비, 생활잡화비 절약에 도움을 받고 있어요. 연말정산에 대비해 신용카드로는 25% 정도만 소비하고, 나머지는 체크카드와 현금영수증 등으로 채우고 있습니다.

■ 블로그, 인스타그램 활동으로 부수입 창출

2018년에 애드포스트까지 신청해 놓고 손 놓았던 블로그를 올해 4월부터 다시 부지런히 운영하기 시작했어요. 애드포스트로 고수익을 내는 고수님들이 보면 전 아직 하수지만 한 걸음씩 열심히 하고 있답니다. 지금 제 블로그 방문자 수는 대략 500~700명 정도이고, 매일매일 포스팅하자는 마음가짐으로 하는 중입니다. 지난달에는 열심히 블로그 체험단을 신청해서 몇 군데 다녀왔어요. 요즘은 먹는 것과 체험하는 것 위주로 정말 필요한 곳만 신청하고 있습니다. 포스팅하기 위해 직접 체험하러 다니다 보니 다른 걸 할 시간이 부족하기도 하고, 현금으로 받는 것이 아니기 때문이에요. 최근에는 노트북을 구매했는데, 내부와 외부에 보호 필름을 부착해야 한다는 걸 알게 됐어요. 5만원 정도 비용이 들어가는데 지출하고 싶지 않아서 검색해 보니 체험단으로 노트북 필름을 부착했단 글들이 많았어요. 마침 한 업체에서 체험단을 모집하고 있기에 신청해서 공짜로 노트북 필름을 부착했습니다.

기자단 등의 활동을 통해 블로그에 체험글을 쓰면 돈을 주기도 하

블로그 체험단으로 할 수 있는 다양한 체험들

는데 이건 아직 하고 있지 않아요. 사실 포스팅비를 주겠다고 유혹하는 쪽지와 댓글이 많이 오더라고요. 바이럴은 대학생 때 아르바이트로 한 적도 있는데 주로 책과 관련한 것이어서 재밌고 어렵지 않았어요. 하지만 블로그에 바이럴이 많아지면 콘텐츠의 품질이 하향될 수 있다고 생각해서 저는 저만의 콘텐츠를 만드는 데 집중하고 있습니다.

현재는 바이럴과 순수한 제 포스팅 비율을 적당히 유지하자는 자세로 블로그를 운영 중입니다. 순수한 포스팅과 바이럴의 비율을 어느 정도 잘 맞추면 바이럴로도 꽤 큰 수익을 얻을 수 있지 않을까 싶네요. 제 결론은 블로그를 체험단 활동에 치중하여 운영하기보다는 순수 포스팅을 통해 블로그를 키우고 애드포스트 수입을 안정시키는 것이 더 중요하다는 것입니다. 물론, 체험단 위주로 블로그를 운영하는 것도 좋습니다. 참고로 광고 수익은 네이버 블로그보다 티스토리 등이 더 괜찮은 걸로 알고 있어요. 다만, 저는 글 쓸 때 편의성이 좋아서 네이버 블로그로 시작했습니다.

이 밖에도 이벤트용 인스타그램 계정을 만들어서 운영 중입니다. 간단한 해시태그만 올려도 기프티콘을 받을 수 있는 이벤트들을 주로 올리고 있어요. 이벤트용으로 개설된 인스타는 간혹 이벤트에서 제외되는 경우도 있어서 머니메이트들과 팔로어도 하고 일상사진도 조금씩 올리고 있습니다. 그리고 기업들이 소정의 활동비를 주며 지원하는 체험단에도 신청해서 활동비를 받아, 일부 식비를 절약하기도 한답니다.

■ 사이버머니로 부수입 창출

저는 사이버머니 부자입니다. 지마켓 스마일캐시, 네이버페이 포인트, 온누리상품권, 신세계상품권 등을 4~10% 할인할 때 사서 쟁여 두거든요. 스마일캐시나 네이버포인트도 열심히 현금화하고, 기프티콘도 사고팔거나 대리구매를 통해 현금화하고 있어요. 저렴하다고 상품권을 사놓고 묵히기만 하면 그것도 현금이 묶이는 것과 마찬가지라서 마이너스라는 생각이 들더라고요. 온누리상품권은 명절에 10% 할인할 때마다 사서 잘 사용하고 있습니다. 서울의 지하상가는 물론 국내 여행지에서 대부분 사용 가능해서 명절 때마다 구매하고 있습니다.

현재 네이버페이 포인트는 현금 충전이 막혔지만 선물 주고받기, 각종 이벤트, 네이버페이 카드 사용, 해피빈 기부를 통해 적립할 수 있어요. 네이버 카페나 블로그에 글을 쓰면 해피빈을 주는데, 이것

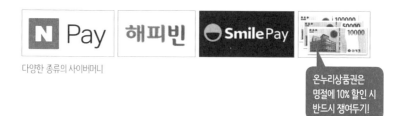

다양한 종류의 사이버머니

온누리상품권은
명절에 10% 할인 시
반드시 쟁여두기!

을 기부하면 일부를 포인트로 적립할 수 있습니다. 좋은 일도 하고 사이버머니도 늘릴 수 있어서 일석이조예요!

앱테크와 부업으로 얻은 수익, 가계부로 꽉 잡아야 성공! 꿈의 저축률 70% 달성!

저는 가계부를 2개 작성하고 있어요. 하나는 전체 지출을 관리하는 수기가계부인데 여기에는 고정지출과 경조사비 그리고 계절 의류비와 같은 기타 이벤트 비용 등을 적습니다. 또 다른 가계부는 현

		성인 2인 식비 + 1인 용돈					
한달 35만원 살기		1. 상품권, 충전금(페이코, 네이버페이 등) 결제시 지출 처리(이용은 공돈수입) 2. 필요지출 제외 스마일클럽 혜택(무배쿠폰, 12%할인), 1+1 제품 , 정원이 50%쿠폰 3. 숨통머니 L포인트, ok캐시백, 소액 현의형 모상					
날짜	항목	내용	지출	절약지출	숨통머니	실지출	잔액	비고
6/1	식비	오징어2(8), 감자1kg(2), 양배추(1), 호박(2)	13,000			13,000	337,000	시장 / 현금
6/1	식비	회(배달의민족)	34,000	30,000		4,000	333,000	쿠폰 1만원, 오빠 2만원 / 네이버페이-b
6/2	룰루랄라	영화2인예매(cgv)	24,000	14,000		10,000	323,000	6,500 cg기프트카드 / cj2500 / my1000
6/3	생활	멕김튼 스팀패치 12매(ssg닷컴)	2,500	500		2,000	321,000	sOH니 / 네이버체카
6/3	식비	샌드위치(gs25)	2,200	1,605		595	320,405	페이북 / 페이코체카
6/3	미용	틸라쥬 마스크(롯데닷컴)	3,000	2,000	1,000	0	320,405	엘머니 / 엘포인트
6/3	생활	샤워가 호수(gsshop) -오	5,500	5,500		0	320,405	적립금
6/4	생활	룡키스패녀 8인티슈쇼핑)	12,900	2,330	1,988	8,582	311,823	무배쿠폰 / 엘포인트 / 네이버포인트-b
6/4	식비	바나나, 엘부비빔면(롯데슈퍼)	4,980			4,980	306,843	파인테크(라브반로드)
6/4	식비	점심	6,500			6,500	300,343	파인테크
6/5	식비	도넛 4개(던킨)	9,600	4,200		5,400	294,943	지마켓 쿠폰 / 스마일캐시, 파인테크
6/5	미용	아이브로우마스카라, 팩(머리따롱) - 나	19,000	18,900		100	294,843	쿠폰 / 뷰티포인트 / 네이버포인트
6/5	미용	알러쓰는 로즈워터(머리따롱) -오	20,000	20,000		0	294,843	신규 쿠폰 / 뷰티포인트
6/6	미용	마스카라, 마스크팩(이니스프리) -나	14,500	13,500		1,000	293,843	뷰티포인트 / 파인테크
6/6	미용	마스크팩, 버블롱롱(아로레알) -오	10,660	10,660		0	293,843	뷰티포인트
6/6	식비	아이스크림2+1, 과자2+1	10,200	1,310	7,000	1,890	291,953	페이북 / 편의점 모상 / 페이코체카
6/6	룰루랄라	모밀-만두	10,500			10,500	281,453	파인테크
6/7	생활	젤리, 나시, 콜팩2통(sk스토어)	14,800	12,300	900	1,600	279,853	적립금, 두룹, ok캐시백 /파인테크

	전체	절약	실지출
전체	**815,515**	**466,031**	**349,484**
식비	310,095	142,877	167,218
생활,꾸밈	416,920	309,154	107,766
룰루랄라	88,500	14,000	74,500
기타			0

한 달 35만원
쓰기 도전 가계부

2019년 6월 지출, 절약, 실지출 금액을 정리한 가계부

재 월재연 10만방에 올리는 가계부로 2인 식비, 생활잡화비와 제 개인 용돈을 기록하는 엑셀 가계부입니다. 이 가계부는 한 달 소비 35만원을 목표로 작성하고 있습니다. 성공하지 못하는 달이 더 많지만 최소한의 마이너스를 목표로 노력하고 있습니다. 가계부를 작성할 때는 절약지출도 함께 기록해서 제가 한 달에 얼마나 절약하는지 확인하고 있어요. 이 절약지출은 앱테크로 모은 적립금이나 쿠폰 할인, 카드사 할인 혜택 등을 가리킵니다. 또한 월 마감을 하면서 그전 달의 지출과 비교하며 분석 및 반성을 통해 더 나은 한 달을 만들기 위해 노력하고 있습니다.

부수입 또한 엑셀 가계부로 관리하는데, 매일 작성하기가 쉽지 않기 때문에 일주일에 한 번 정도 시간이 될 때 정리하고 있습니다. 핫딜 이벤트가 뜰 때 기프티콘을 싸게 구매 후 차액을 내고 있습니다 (기프티스타, 니콘내콘에 판매). 가장 큰 부수입은 좌담회 참석과 이벤트 참여 상품들로 얻는 것들인데요, 이렇게 모은 부수입들로는 목적에 맞게 적금을 넣고 있습니다. 처음에는 이자율이 좋은 이벤트 기간에 가입한 비상금통장(CMA)에 넣어 관리했지만, 지금은 한도 10만~30만원선의 좋은 금리의 적금 상품에 가입해서 돈을 모으고 있습니다. 지나고 보니 줄어든 월급으로 막막했던 생활을 월재연 활동을 통해 잘 헤쳐나가고 있는 것 같아요. 그 덕택에 꿈의 목표였던 저축률 70%도 달성하게 되었어요.

일자	구분	주체	내용	득템 금액	현금화	판매처
6/1	구매	하나멤버스	빽다방 달달연유라떼	200	200	기프티스타
6/1	구매	하나멤버스	공차 타로밀크티+펄L	550	550	니콘내콘
6/3	구매	리브	리얼그린티설빙 2개	4,720	4,720	기프티스타
6/3	이벤트	페이북	빙그레 바나나우유	830	830	기프티스타
6/4	대리구매	ap몰	향수(65,000)	12,251	12,251	현금입금
6/5	대리구매	ap몰	청결제(11,000)	11,000	11,000	현금입금
6/7	좌담회	엠브레인	6/5 신용카드 좌담회	50,000	50,000	현금입금
6/10	이벤트	에뛰드	초코꿀단지	610	610	기프티스타
6/10	이벤트	에뛰드	빼빼로	740	740	기프티스타
6/10	설문조사	서베이링크	5월분 입금	16,000	16,000	현금입금
6/10	구매	지마켓	던킨 블랙 버블 밀크티	850	850	기프티스타
6/10	이벤트	인팍투어	빙그레 바나나우유 2	1,640	1,640	기프티스타
6/10	이벤트	인팍, 코지	스벅 아메 5	16,500	16,500	니콘내콘
6/11	구매	11번가	엔젤 아메리카노	100	100	기프티스타
6/12	구매	지마켓	메가박스 영매권 2	200	200	기프티스타
6/12	구매	신한판	이디야 아메	1,000	1000	니콘내콘
6/12	이벤트	KB증권	가입혜택 해피머니	10,000	10,000	적립완료
6/13	이벤트	이랜드몰	cgv 영매권 1	7,460	7,460	기프티스타
	이벤트	해피머니	해피머니 충전	15,000	15,000	적립완료
6/13	이벤트	기타	스벅 1	3,300	3,300	니콘내콘
6/14	이벤트	국민카드	해피콘 1만	8,300	8,300	니콘내콘
6/20	이벤트	월재연	스벅 1	3,300	3,300	니콘내콘
6/21	이벤트	롯데렌터카	엔젤 아메 2	6,000	6,000	니콘내콘

매일 즐겁게 평생 취미처럼,
앱테크와 부업은 내 삶의 활력!

월재연에서 1년이 넘는 시간 동안 정말 지박령처럼 활동했던 것 같아요. 지칠 때도 있었고 이렇게 해서 돈이 모이는 게 맞나 싶을 때도 있었지만, 제 재테크의 활력이 돼주는 부수입 통장과 머니메이트님들 덕분에 중요한 것들을 꾸준히 할 수 있었다고 생각해요. 앞으로도 월재연과 함께 즐거운 재테크 생활을 하고 싶습니다.

블로그 운영자라면 주목!
네이버 애드포스트로 부수입 올리기

네이버 블로그나 티스토리, 유튜브에 올린 콘텐츠를 광고와 연계해서 수입을 창출할 수 있습니다. 네이버 블로그 사용자라면 애드포스트에 가입하고, 유튜브나 티스토리 사용자라면 구글 애드센스에 가입해 보세요. 자신의 블로그를 광고매체로 활용해 수익을 올릴 수 있습니다. 또한 쿠팡 파트너스에 가입하면 자신만의 광고 링크를 생성해 글에 삽입해 수익을 올릴 수 있습니다.

가장 많은 사람들이 하고 있는 네이버 블로그를 통해 광고 수입을 얻는 방법을 알아보겠습니다. 일단 애드포스트를 신청하려면 자격 조건을 충족해야 합니다. 블로그 운영일 90일 이상, 게시물 50건 이상이 되어야 해요. 이 조건을 충족하더라도 방문자 수, 방문자 수 유지 등에 대한 네이버의 심사를 거쳐야 합니다.

네이버 애드포스트 신청 시
블로그 하단에 게재되는 광고

: 한눈에 보는 애드포스트 가입하기

❷ 약관 동의하기

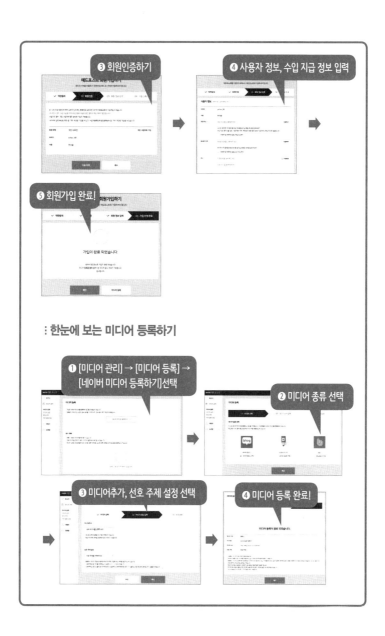

: 한눈에 보는 미디어 등록하기

3년차 직장인

버킷리스트:

4,000만원

모아서

퇴직할

거야!

ID 단짱

| 통장쪼개기 고수 | 부수입으로 생활비 지출,
아르바이트비는 모두 저축 | 자산 까먹기는 NO!
돈 모으는 이직준비생
라이프 |

재테크의 시작!
버킷리스트 작성하기

저는 스물여섯 살 사회초년생으로, 스물세 살에 첫 직장에 입사해 열심히 일하고 원하는 만큼 돈을 모아 퇴직한 상태입니다. 스물네 살까지만 해도 돈을 너무 펑펑 써서 친구들에게 '소비요정'으로 불렸어요. 주위에서 그때 당시 유행하던 '김생민의 영수증'에 나가보라고 할 정도로 소비광이었습니다. 그런데 저 나름대로 억울했던 건 비싼 명품을 산 것도 아닌데 늘 돈이 없었다는 거예요. 지금 계산해 보니 당시 제 연봉의 3/4을 소비하느라 써버렸네요.

하지만 지금의 저는 달라졌습니다. 월재연에서 활동하며 절약과 저축에 습관을 들여 1년 만에 3,000만원 넘게 저축한 '절약요정'으로 변신했어요! 현재 제가 가진 재산은 4,500만원 정도이고, 퇴직금까지 더하면 대략 6,000만원 정도가 되겠네요. 저의 재테크 이야기는 사실 다른 분들과 크게 다를 게 없어요. 하지만 월재연 카페의 많은 분들이 누누이 강조하듯, 절약과 목표가 정말 중요하더라고요.

2018년 월재연에 처음 가입하며 버킷리스트를 작성했습니다. 이 버킷리스트를 목표 삼아 달려온 결과, 1년 동안 4,000만원 모으기는 벌써 달성했고 2월엔 퇴사도 했습니다. 그리고 스페인 여행까지 다녀왔어요. 버킷리스트 5개 중에 벌써 3개나 달성했네요!

단쨩의 2018년 목표: 돈 모아서 퇴사하자!

단쨩의 버킷리스트 5가지

- 1년 동안 4,000만원 모으기 → 달성!
- 제발 퇴사하기 → 달성!
- CEO 되기
- 서울에 전셋집 구하기
- 스페인에 여행 가기 → 달성!

버킷리스트를 작성하셨다면 세부 목표까지 세워서 미래의 꿈에 한발짝 더 다가가 보세요. 저는 2018년에 목표를 정할 당시 퇴사와 이직이라는 인생의 큰 관문이 있어서 더 구체적으로 작성하지는 못했고, 일단 연도별 목표까지만 세웠습니다. 2023년까지 1억을 모으는 게 제 목표예요.

앞으로 3년 후 목표(1억 모으기)

2019년	• 목표 금액 5,000만원 • 2018년 12월 월급 및 성과급으로 재산 4,500만원 채우기+2019년 연간비 충당 • 퇴사 후 자산 건드리지 않기, 여행 후 바로 아르바이트 시작 및 이직 준비 • 2019년 하반기 아르바이트비는 고정지출 제외하고 다 저축 • 여행비는 2019년 1~2월 월급과 퇴직금으로 충당 • 부수입으로 다음 해 생활비와 연간비 충당
2020년	• 수입 미정이지만 고정지출 제외 아르바이트비의 90% 저축 • 원하는 분야에 이직 성공하기 • 부수입으로 다음 해 생활비와 연간비 충당
2023년	• 자산 1억 달성

절약, 저축하기 전
자산 현황 파악 및 통장쪼개기

막상 자산 현황을 파악하려고 하면 막연한 생각이 들 거예요. 저는 다음과 같이 항목을 나눠서 파악했어요.

① 내 월급이 어디로 들어오는지?

② 월급이 들어오면 통장마다 얼마를 넣어 놓을 것인지(통장쪼개기)?

③ 적금은 어느 통장에서 언제 빠져나가는지, 만기일은 언제인지?

④ 보험은 어느 통장에서 빠져나가는지?

⑤ 체크카드는 어느 통장에 연결되는지?

⑥ 신용카드 대금은 어느 통장에서 언제 빠져나가는지?(신용카드의 카드론 서비스를 이용하는 분들은 카드값을 제때 납부하지 않으면 바로 대출로 이어질 수 있으니 특히 주의!)

> 절약과 저축의 시작은 자산 파악부터!

			합산	금액	출금날짜	만기	출처	
안정자산	적금	새마을금고 장기적금	12,104,909	110만원	25일	~19.01.25	월급 자동공제	
		하나은행 강저 적금	800,000	10만원	29일	~19.04.29	하나은행 월급통장	
		하나은행 도전 365 적금	1,000	1000원	5일	~19.12.05	하나은행 생활비통장	
	저축	새마을금고 예탁금통장	4,716					
		새마을금고 출자금	300,000				새마을금고 매지	3월 마을 계화 입금
		하나은행 청약종합저축	460,000	2만원	25일	연말정산	하나은행 월급통장	
	CMA	채권	10,042,493					1.17.10월 이자입금
		비상금 통장	3,646,693					
		합	27,359,811					
불안정 자산	CMA	주식	1,974,000					
		연금펀드	1,020,816	20만원	25일		하나은행 월급통장	
	펀드	펀드	4,253,986	27만원	25일		하나은행 월급통장	
	보험	연금보험	4,601,340	227,766	25일		하나은행 월급통장	
	기타	빌려준돈	3,000,000					
		합	14,850,142					
마이너스		학자금대출	535,394	66,660	25일		월급 자동공제	
		재산총합	41,674,559					

이렇게 엑셀로 자산 현황을 파악한 다음 통장쪼개기로 관리했어요.

> 월급, 생활비, 연간비, 비상금 등
> 통장을 용도대로 쪼개기!

통장&카드 쪼개기

	카드	자산		19년 계획	20년 계획
월급통장 하나은행	현대/신용/25일	새마을금고적금	12104909	예금 전환	
		강저적금	800000	미정	
		청약	460000	유지	
		연금펀드	1020816	증가	
		펀드	4253986	유지	
		보험	4601340	유지	
생활비통장 하나은행	우리페이코/체크 유모비/신용/1일				
연간비통장 CMA	(삼성/체크)			18년 12월 연말성과금으로 19년 연간비 충당	
비상금통장 CMA		400만원		반 쪼개서 테크	
국민은행	신한네페/체크				
부수입통장		입출금통장+적금	150만원	19년 생활비	부수입별로 20년 생활비&연간비

통장쪼개기의 중요성은 정말 백번 강조하고 싶어요. 제 주변의 친구들을 보면 월급 통장에 체크카드, 신용카드 기능을 등록해 사용하기도 하는데, 그러면 월급 잔고가 쥐도 새도 모르게 사라져버려요. 월급 통장에서 통장을 용도별로 쪼개 사용하기! 정말 중요합니다.

직장생활을 할 때 기준으로 저의 경우를 말씀드리면,

① **월급 통장(하나은행)**: 약 230만원. 월급 통장에 월급이 입금되기 전 새마을금고 적금이 자동 공제되게 해두어 월 약 120만원이 입금되었습니다.

② **생활비 통장(하나은행):** 월 20만원 내외. 월급에서 한 달 생활비만 이체한 후 사용했습니다. 생활비 통장에서 남은 돈은 자유적금에 넣거나 CMA 계좌에 넣어 이자를 받았어요.

③ **연간비 통장(CMA):** 월 33만원. 돈을 넣기만 해도 이자가 조금씩 붙는 CMA 계좌에 연간비를 넣어 사용했습니다. 매년 사용할 금액을 정해 통장에 넣기 때문에 관리하기 편해요. 목돈을 한꺼번에 넣으면 편하겠지만, 저는 사회초년생이라 목돈이 없어서 매월 일정 금액을 이체했어요.

④ **비상금 통장(CMA):** 월 10만원. 정말 비상시에만 사용하려고 만든 통장입니다.

⑤ **주식, 펀드 통장(CMA):** 월 30만원. 분산투자도 하고, 돈을 다양한 방법으로 굴려보려고 주식이랑 펀드통장도 따로 만들어 매달 투자했습니다.

⑥ **부수입 통장:** 월 20만원. 부수입 통장을 따로 만들어야 부수입을 공돈으로 생각해 펑펑 쓰지 않고 차곡차곡 모을 수 있어요. 저는 1년 부수입을 그다음 해 생활비로 사용했습니다.

사회초년생의 월급관리 철칙

■ 선저축 후지출

저는 월급날이 되면 새마을금고에서 110만원을 자동공제한 나머지 금액이 들어오게 설정해 두었습니다. '선저축 후지출'은 언제나 옳다고 생각해요. 예전에 저 자신을 믿고 40만원짜리 적금 하나만들어봤더니, 정말 40만원을 제외하고는 다 탕진해버리더라고요. 여러분, 선저축 후지출! 무조건입니다!

단짱의 저축 리스트

1 | 고정적금

- **새마을금고**: 110만원(월급에서 자동공제)
- **청약저축**: 2만원
- **출자금**: 3만원

2 | 변동적금

- **득템 적금**: 득템 수입●이 생길 때마다 바로 적금에 넣고 있어요. 이 적금을 내년 연간비로 사용하려고 합니다. 4개월쯤 모아보니 100만원 정도 되더라고요. 전 연간비를 많이 쓰는 편이라서 더 모을 예정입니다.
- **생활비 잔여 적금**: 현재 기숙사에서 생활하는지라 생활비를 10만원까지 줄였는데, 이마저도 조금씩 남더라고요! 이걸로 저에게 선물을 줄까 했지만 쓰지 않고 모으기로 결심했습니다.
- **썸뱅크**: 엘포인트를 현금화하기 위해 만든 부산은행 썸적금으로, 적금 계좌에 엘포인트를 추가납입할 수 있습니다. 하루 최대 10만 포인트, 한 달 최대 20만 포인트까지 납입 가능합니다.
- **채권**: 예금에 넣을까 하다가 예금 이자가 낮을 때라 채권에 넣어 분기마다 이자를 꽤 쏠쏠하게 받고 있습니다. 이자로 들어오는 돈은 펀드를 재구매하거나 적금에 넣고 있어요.

● 　득템 수입: 앱테크, 중고 판매, 좌담회 등의 활동을 통해 얻는 부수입

- **펀드 및 주식**: 펀드와 주식은 책이나 월재연에 올라오는 게시판을 보면서 공부했어요. 많이는 아니고 월급의 30만원 정도만 투자해요. 그중에서도 연금펀드에 중점적으로 투자하고 있는데, 연금펀드를 하면 소득공제가 되므로 소득공제율을 기본 수익률로 생각하시면 됩니다.

■ 지출, 줄이고 또 줄이기

변동지출(생활비)을 줄여서 돈을 모으는 데는 한계가 있어요. 고정지출이 어마어마하기 때문이지요. 고정지출을 줄여야 돈을 더 모을 수 있어요. 더 줄일 곳은 없는지 고민, 또 고민해야 해요.

단짱의 지출 리스트

- **고정비**[*] **지출**: 어머니 용돈 15만원+보험(실비+실손) 11만 1,270원+통신비+교통비
- **변동비**[**] **지출**: 생활비 10만원+연지출 매달 33만원+비상금

회사에 다닐 때는 기숙사에 살아서 교통비는 많이 안 나가는 편이었어요. 지금도 들쑥날쑥하지만 일단 고정지출에 넣어 관리하는데,

---

[*] 고정비: 보험료, 통신비, 적금 등 고정적으로 나가는 지출
[**] 변동비: 생활비, 돌발지출 등 변동적으로 니가는 지출

생활비에 넣으면 관리가 잘 안 되더라고요. 그리고 통신비는 알뜰폰과 요금 할인이 되는 제휴 신용카드를 사용한 결과 1,000원대로 확 줄었어요! 원래 4만~5만원대였던 걸 생각하면 정말 대폭 줄어들었죠. 그만큼 저축이 가능해졌어요.

식비, 생활용품, 의류는 생활비로 잡고 여행비, 돌발지출은 연간비 통장에서 연지출로 써요. 매달 33만원을 월급에서 연간비 통장으로 자동 출금되도록 해놨어요. 연지출을 목돈으로 잡아서 쓰면 물론 편리하겠지만 당장 목돈이 없어서 월급에서 매달 일정 금액을 떼어 CMA 통장에 넣어 두었다가, 덜 쓰면 덜 쓰는 대로 모아 이자를 받는 식으로 운용 중이에요. 연지출은 연간비 통장에서 휴가비(여행비)+의류+명절+미용비+경조사비+의료비로 잡아 사용하고 있어요.

이렇게 관리하여 2017년 11월에 1,100만원을 모았고 2018년 9월에는 순자산 2,700만원, 여기에 어머께 빌려드린 돈까지 계산하면 3,500만원 정도를 모았어요. 소비요정이었던 제가 이렇게 절약요정으로 변신하다니 감회가 새로웠습니다.

단짱의 자산 요약

자산	21,410,739원
투자	5,711,040원
신용카드 총 결제 예정 금액	0원
보험 해지환급금	0원
순자산	27,121,779원

소비요정에서 절약요정으로!
1년도 안 돼 순자산 2,700만원 달성

퇴사를 위한 한걸음!
소비습관 파악에는 수기 가계부 작성이 필수

재산 파악, 통장쪼개기까지 끝냈다면 이제 소비습관을 제대로 파악해야 해요. 그래야 불필요한 지출을 줄일 수 있어요. 소비습관 파악에 가장 도움이 되었던 건 가계부 쓰기였습니다. 한두 달은 가계부를 작성하고 월말에 통계를 내면서 불필요한 지출을 파악하고, 그 항목들을 줄이며 가계부를 작성하면 그전과는 다른 소비습관을 기를 수 있어요.

처음에는 가계부 애플리케이션을 사용했어요. 그런데 카드와 통장을 여러 개 사용하는 데다 생활비, 연지출 등등 지출 목적이 다 다른데 그걸 분리하기가 너무 어렵게 돼 있어서 순수 생활비를 얼마나 썼는지 계산하기가 어렵더라고요. 그러다 월재연 카페를 알게 되었고 처음 일주일 동안은 글만 계속 정독했어요. 글을 읽어도 이게 무슨 뜻인지 잘 몰라 처음엔 계속 멘붕이었던 것 같아요. 일단 책과 가계부를 사서 실천해보자는 생각으로 2018년 4월부터 본격적으로 맘마미아 가계부를 작성했습니다.

일단 저의 자산 현황을 파악하고 생활비 지출 목표 금액을 잡았습니다. 5월에 20만원이었던 생활비를 6월에는 15만원으로 줄이는 것을 목표로 잡았죠.

한 달 생활비 20만원 →15만원으로 줄이는 것이 목표

월재연 카페 활동을 하면서 고수님들의 가계부를 읽다 보면 정말 많은 꿀팁을 얻는 것 같아요. '아, 나도 이렇게 더 아낄 수 있었는데!'라는 생각도 많이 하고요. 그래서 이제는 뭐 하나를 사더라도 어떻게 할인 받아서 얼마를 적립할 수 있는지 생각하게 돼요. 아직은 많이 부족하지만 조금씩 더 공부하고 있습니다.

생활비 월 8만~16만원으로 안착!
지출은 줄이고 저축은 늘리고!

가계부를 작성하며 지출항목을 점검하고, 줄일 수 있는 지출을 파악해 절약한 금액을 그대로 저축해서 저축률을 높였습니다. 가계부를 작성하면서 생활비를 꾸준히 줄여간 결과 적게는 8만원, 많게는 16만원선에서 생활 중입니다. 변동비도 최대한 줄였는데, 더 줄일 만한 부분이 없을까 고민하다 고정지출 항목에서 통신비와 교통비를 줄였습니다.

■ 다양한 방식으로 저축 분배하기

저는 자산을 안정자산과 불안정자산으로 나누었는데요, 다음 표의 자산 항목을 보면 적금, 주식, 채권, 펀드, 연금상품 등 다양한 방식으로 저축하고 있는 걸 보실 수 있습니다. 적금 금리가 낮을 때는 적금보다 펀드로 수입을 내는 게 더 이득일 때가 있더라고요. 사람마다 다르지만 저는 다양하게 돈을 굴리고 싶어서 꾸준히 공부하며 주식이나 펀드에도 조금씩 투자하고 있어요. 적금이나 채권 등 상대적으로 안전한 투자에는 3,000만원 정도, 주식이나 펀드 등 불안정한 투자에는 1,000만원 정도로 분배해서 관리하고 있습니다.

단짱의 자산 목록

자산			
	안정자산	적금	새마을금고 정기적금
			하나은행 강저 적금
			하나은행 도전365 적금
			수협 잇적금
		저축	새마을금고 예출금통장
			새마을금고 출자금
			하나은행 청약종합저축
		CMA	채권
			비상금 통장
			비상금 2
	불안정자산	CMA	주식
			연금펀드
			펀드
		보험	연금보험
		기타	빌려준 돈

■ **부수입 늘려 저축하기**

부수입을 늘리는 방법에는 여러 가지가 있어요. 전공을 살려서 아르바이트를 할 수도 있고, 여건상 투잡이 어려우면 쏠쏠하게 돈을 받을 수 있는 좌담회, 설문조사, 패널조사, 앱테크 등을 할 수도 있고 대리예매, 헌옷 판매, 기프티콘 판매 등을 할 수도 있어요. 저는 올해 퇴사 후 버킷리스트였던 3개월간의 유럽일주로 모아둔 돈을 제법 쓴 데다, 당분간은 직장에 다닐 생각이 없어 아르바이트를 하고 있는데요, 모아둔 돈은 더 이상 건드리지 않고 아르바이트로 생활비를 충당하며 평소 배우고 싶었던 일들을 배울 생각입니다. 아르바이트로 받는 돈이 적다 보니 부수입을 늘리는 방법을 끊임없이 고민 중이에요.

초보 재테커도 가능한 부수입으로 100만원 벌기
가장 좋은 부수입원은 '지식재산권'

2019년 6~7월까지 현금 수입에 현금화하지 못하는 외식, 물품 등을 합산해 보니 부수입이 월 100만원 이상이나 되었어요. 월 100만원의 부수입이라니, 뭔가 거창한 일을 해야만 벌 수 있을 것 같지만 그렇지 않아요. 저는 월재연의 고수님들이 이미 많이 하고 계시는 중고상품·기프티콘 판매, SNS 활동, 좌담회 등은 기본으로 하고 있고, 여기에 더해 '지식재산'도 판매하고 있어요. 부수입원을 고민하면서 이것저것 정말 많이 찾아봤는데, 느낀 점은 '지식재산만 한 부수입원은 없다'였습니다. 자료는 지식재산을 녹여낸 문서죠. 저는 '해피캠퍼스'와 '널스스토리' 두 군데를 이용하고 있어요.

■ 해피캠퍼스

대학 시절 과제할 때 정말 많이 사용했던 사이트입니다. 그땐 무조건 구매하는 입장이었는데 지금은 판매자가 되어 이용하고 있어요. 보통 대학교 과제 자료나 취업할 때 썼던 자료 등을 판매하고 있습니다. 소소하다고 생각했는데 1년간 수익이 16만원이나 되네요!

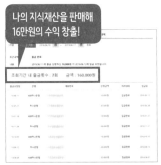

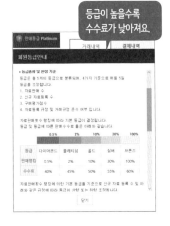

자료를 5,000원에 판매한다고 해서 그만큼 다 수익이 되는 것이 아니라 해피캠퍼스에서 수수료를 떼어갑니다. 수수료는 회원 등급에 따라 다른데요, 판매량이 많고 자료가 양질일수록 등급이 올라 수수료를 덜 떼니다. 저는 아직 등급이 낮으니 앞으로 더 열심히 자료를 판매해야겠어요.

해피캠퍼스 출금수수료, 추억의 뽑기 이벤트로 아껴보자!

해피캠퍼스에서 판매금 출금서비스를 신청하면 500원의 수수료를 뗍니다. 이때 해피캠퍼스에서 진행하는 추억의 뽑기 이벤트를 한번 해보세요! 출석체크를 하거나 구매후기 등을 작성하면 응모권을 받을 수 있는데, 이 응모권을 5개 모으면 출금수수료 면제 쿠폰으로 교환할 수 있습니다. 전 출금수수료 면제 쿠폰이 있을 때만 출금해요. 출금수수료, 얼마 안 되지만 아끼면 좋겠죠?

■ 널스스토리

저는 전공이 간호학이라 간호사 커뮤니티에서도 간호학 관련 자료를 판매하고 있어요. 이렇게 전공 관련 자료를 공유하고 판매할 수 있는 다른 커뮤니티도 많을 거예요. 전공이나 직업과 관련해서 나의 지식재산권을 판매할 곳이 있는지 적극적으로 찾아보세요.

퇴사 후 줄어든 월급 때문에
재테크 방향을 바꾸다

올해 저는 버킷리스트에 썼던 대로 퇴사한 뒤 스페인을 포함한 유럽여행을 3달 정도 다녀왔습니다. 지금은 내년 취업을 목표로 준비하며 아르바이트를 병행하고 있는데요, 지금까지 모은 돈 4,500만원은 건드리지 않고 오히려 저축까지 하고 있습니다.

■ 아르바이트비로 재테크가 가능할까? 답은 YES!

다음은 저의 현재 자산표입니다. 아르바이트 중이라 직장생활을 할 때보다 월급이 적어져 재테크 방식에 변화를 줄 수밖에 없었지만, 내 시간도 만들고 모아놓은 돈을 건드리지 않은 채 생활비를 벌수 있어 만족합니다. 저의 최신 자산 관리 방법을 말씀드릴게요. 현

> 퇴사 후 월급이 줄어들어 재테크 방식에 변화를 주었어요

재산 정리

		합산	금액	출금날짜	만기	출처	기타
안전자산	예금	새마을금고 상상모바일 정기예금 7,840,253			2020-07-22	국민계좌	과세, 연 2.25%, 7/22만기
	적금	KB일은하늘적금 100,000	10만원	21일	2020-04-21	국민계좌	
	저축	하나은행 장학출합저축 660,000	2만원	25일	연말정산	하나은행 월급통장	
	기타	엄마한테 빌려드린 펀드 13,000,000					1월 이자 30만원
	합	21,600,253					
불안자산	CMA	채권 10,026,010				삼성CMA계좌	1,4,7,10월 이자입금
	여유	N+독 판이율 100,000					
	출자금	새마을금고 출자금 7,310,000					
	합	17,436,010					
미래자산	CMA	연금펀드 3,810,534					해지X 55세이후 연금개시
	합	3,810,534					
사물자산	CMA	비상금용 1,000,000				마이픽그	비상금 + 부수입 관리 통장
	올뱅크	이벤트 상금 23,000				올뱅크	이벤트 참여용 적금
	썸뱅크	포인트 현금화용 200,000				썸뱅크	포인트 현금화
	합	1,223,000					
기타	보험	해지환급금 1,144,140					환화
	재산총량	45,213,937					

단짱의 현재 자산표

재 아르바이트로 생활하고 계신 분들에게 조금이나마 도움이 되었으면 좋겠어요!

- **예금**: 지금은 월급을 많이 받는 편이 아니라서 분산투자하던 걸 많이 정리했어요. 펀드와 주식으로 본 수익은 예금에 보탰어요.
- **적금**: 매달 적금하며 저축하는 습관을 놓지 않으려고 해요. 그리고 이율 좋은 상품이 나올 때마다 하나씩 가입하고 있습니다.
- **청약종합저축**: 청약은 원래 2만원씩 저축했었는데, 2만원씩 넣을 경우 나중에 불리할 수 있다고 해서 하나은행 청약종합저축에 매달 10만원씩 넣는 것으로 변경해서 넣고 있습니다.
- **채권**: 열심히 공부하고 알아봐서 투자한 덕분에 분기마다 10만원 정도 이자를 받고 있어요. 그 이자는 받아서 또 적금에 가입해요.
- **어음**: 가끔 특판으로 세전 5% 어음이 나올 때가 있어요! 튼튼한 상품인지 확인 후 특판 상품에 가입하기도 합니다.
- **출자금**: 예금자보호가 되진 않지만, 동네에 있는 새마을금고가 잘 운영 중인 걸 확인하고 여유자금이 생길 때마다 출자금을 넣고 있어요. 이자소득세를 감면 받을 수도 있고, 배당금도 높아서 좋아요.
- **연금펀드**: 직장 다닐 때 세제 혜택을 받기 위해 가입했던 연금펀드! 지금은 퇴사한 상태라 보유한 펀드만 관리 중이고 재취업하면 다시 가입하려고 합니다.
- **비상금 CMA**: 매일 이자를 주는 CMA 계좌(시럽웰스-마이피그)를 활용해서 비

상금을 관리하고있어요.

- **썸뱅크 엘포인트 적금**: 엘포인트를 적금으로 넣어서 현금화하고 있어요!
- **이벤트 적금**: 은행에서 이벤트 적금을 출시할 때마다 게임처럼 가입하고 있어요.

■ 아르바이트비를 모두 저축하고도 생활이 가능한 비결은 바로 부수입!

저는 아르바이트비로 월 70만원을 받는데, 이 금액을 전부 저축
해요! 그런데도 생활이 가능하냐고요? 가능합니다! 그 비결을 지금
부터 소개합니다.

다음 표는 한 달 동안의 현금 흐름을 정리한 표입니다.

고정지출과 변동지출로
나눈 현금흐름표

현금흐름표			
고정지출		변동지출	
보험료	64,470원	교통비	100,000원
보험료2	9,100원	통신비	35,000원
청약적금	20,000원	생활비	100,000원
구몬일본어	33,000원		
전화영어*12	26,740원		
합계	153,310원	합계	235,000원

- **고정지출**: 보험비(실손+손해)+청약적금+일본어 공부+전화영어 비용으로 총 153,310원이 나갑니다.
- **변동지출**: 교통비+통신비+생활비 비용으로 총 235,000원이 나갑니다.
  - **통신비**: 35,000원 내외. 통신비는 원래 알뜰폰을 사용하면서 카드 혜택을 받고, 데이터가 적은 요금제를 쓰니 한 달에 1,000원 정도였어요. 그런데 지금은 밖에서 데이터를 써야 할 일이 늘면서 알뜰폰 무제한 데이터 요금제를 사용하게 되었고 카드 혜택까지 해서 한 달에 33,000~35,000원 정도 나와요.
  - **교통비**: 넉넉잡아 10만원 정도. 가까운 거리는 걸어다니고, 교통비가 할인되는 카드를 사용해서 보통 5만원~6만원 정도 나와요.
  - **생활비**: 10만원. 식비, 간식비, 카페, 의류, 미용비, 유흥비 등이 포함된 제 순수 생활비예요. 보통 생활비는 5만원 내외로 사용 중이라 그 외에 예상치 못한 지출은 비상금에서 사용합니다.

이렇게 하면 거의 한 달에 40만원 정도를 써요. 생활비를 이렇게 아낄 수 있었던 데는 블로그 체험단이 큰 도움이 되었어요. 외식비, 도서비, 교육비 등을 다 무료로 체험하고 해결한 덕분에 생활비를 많이 줄일 수 있었죠.

이렇게 블로그 체험단 활동과 포스팅을 열심히 하면 네이버 애드포스트로도 소소하게 부수입이 들어와요. 이 밖에도 앱테크, 전공자료 판매, 중고판매 등으로 버는 수입이 보통 한 달에 30만~50만

원 정도 됩니다. 이 부수입으로 한 달 고정지출, 변동지출을 모두 충
당하고 있어요.

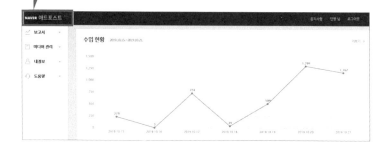

애드포스트를 통해 들어오는
부수입도 쏠쏠!

이렇게 부수입만으
로 생활비 충당이 가
능한 덕분에 아르바
이트비 70만원을 모
두 저축할 수 있었어
요. 오른쪽의 표는 다
양한 방법으로 올린
2019년 9월 기준 부
수입 현황입니다.

득템 수입 50만원 육박!

9월 득템수입			
	484,953		
날짜	금액	상세내용	현금?
1일	15390		현금
2일	0		
3일	25680		현금
4일	46610		현금
	20000		비현금
5일	33800		현금
6일	0		
7일	0		
8일	0		
9일	17080		현금
10일	5460		현금
11일	37487		현금
	15000		
12일	35704		현금
13일	3401		현금
14일	10528		현금
	20000		비현금
15일	3000		현금
16일	13010		현금
17일	50000		비현금
18일	23571		현금
19일	0		
20일	10110		현금
21일	0		
22일	2439		현금
23일	16100		현금
24일	12200		현금
25일	12900		현금
26일	1650		현금
27일	0		
28일	0		
29일	53833		현금

행복해지려고 한 퇴사
철저한 대비로 퇴사 후 삶에도 만족!

퇴사할 무렵을 되돌아보면, 한창 일할 나이였지만 직장생활이 너무 힘들었고 그만두고만 싶었어요. 그래서 계획을 세우고 차근차근 실천해 나갔지요. 명확한 목표가 있었기에 원하는 액수를 모을 수 있었습니다. 그 과정에서 그만큼 더 성장했고, 그런 저 자신에게 박수를 쳐주고 싶습니다. 철저히 고민하고 대비한 후 퇴사했기 때문에 퇴사 후의 삶에도 큰 어려움은 없습니다. 수입이 줄어들긴 했으나 원하는 공부도 하고 있고, 부수입도 올리고 있으니까요. 돈을 버는 것도 결국 스스로 행복해지기 위한 것인 만큼, 저는 지금 생활에 충분히 만족합니다.

낭비도 궁상도 NO!
미혼 직딩,
서른 전
1억 모으기 성공!

ID 무늬는대기업

- 서른 전 1억 모으기 달성,
  유동성 자금 1억 모으기
  도전

- 주식, 펀드 공부하는
  야무진 재테커

- 줄일 건 줄이되 하고 싶은 건
  하는 즐거운 재테크

낭비는 하지 말되 궁상맞게 살지도 말자!
서른 전에 1억 모으기 재테크 비법

저는 이제 곧 서른을 바라보는 스물아홉 살 직장인입니다. 원래 부산에서 부모님과 함께 살면서 직장에 다니다가 갑자기 서울로 발령이 나는 바람에 강제로 상경하게 되었습니다. 저는 명품을 좋아하는 것은 아니지만 선천적으로 먹고 싶은 것은 먹고, 하고 싶은 것은 하면서 살자! 즉, 낭비는 하지 않되 너무 궁상맞게 살지도 말자는 주의의 평범한 20대예요. 이런 제가 서른이 되기 전에 1억 모으기라는 목표를 이루고 이제 새로운 목표를 향해 꾸준히 재테크를 하고 있는데요, 글재주는 없지만 저와 비슷한 또래 분들과 함께 저의 이야기를 나누려고 합니다.

2014년부터 현재까지 상황 간단 요약

- 2014년 7월 입사 후 2015년 3월 본사 발령
- 2016년 3월부터 독립해서 현재까지 전셋집에 거주 중
- 신입 때 월급: 230만원 + 연간 인센티브 약 600만원
- 현재 월급: 310만원 + 연간 인센티브 약 900~1,000만원

제가 대학생이었을 때는 아르바이트비가 곧 생활비였기 때문에

그 당시의 재테크는 저축성보험(10년 만기)으로 넣는 월 5만원이 다였습니다. 직장에 다닌 뒤부터는 추가로 주택청약 월 10만원, 1년 만기 적금 월 100만원을 넣고 나머지는 CMA 통장에 넣어 두었습니다. 처음 직장 생활을 시작했을 때는 본가에서 출퇴근을 했는데, 입사 8개월 만에 본사 발령으로 집을 떠나게 되었어요. 적금과 인센티브로 모은 1,000만원을 어머니께 통 크게 선물로 드리고 얼마 지나지 않았을 때였습니다.

■ 3년 만에 빌린 전세자금 7,000만원 갚기 성공!

상경 초반에 제 목돈과 엄마에게 빌린 5,000만원, 은행에서 대출받은 2,000만원으로 전셋집을 구했습니다. 생활비와 주택청약, 변액보험, 저축성보험, 고정지출을 제외한 모든 돈은 CMA에 모아서 500만원이 차면 엄마에게 빌린 돈을 갚았어요. 그렇게 해서 3년 만에 엄마에게 빌린 돈은 물론 은행대출 7,000만원도 다 갚았습니다. 그로부터 얼마 후 두 번째 전셋집으로 옮기면서 다시 전세대출을 4,000만원 받아서 1억 1,000만원짜리 전셋집으로 이사갔어요. 더이상 집에 현금이 묶이는 게 싫어서 지금은 대출은 조금씩만 갚고 나머지는 유동성 자금으로 가지고 있습니다.

■ 소소하지만 꼭 지키는 재테크 원칙 3가지

저는 월급이 들어오는 날 교통비를
포함한 생활비 70만원과 고정비, 학
자금대출(이제 약 1,000만원 정도 남았어
요. 40만원씩 25개월만 더 납입하면 상환이
끝나니 그때부터는 40만원을 더 투자할 수 있
겠네요.)을 제외하고는 청약/펀드/저
축성보험/변액/CMA/적금통장으로
모두 옮겨버립니다. 생활비는 남을
때도 있고 모자랄 때도 있어요. 그런

무늬는대기업의 재테크통장

경우를 대비해 여윳돈 및 연간비로 쓰는 CMA에 200만원 정도는
늘 쟁여 두려고 노력하고 있어요.

제게는 나름대로 재테크를 하며 꼭 지키는 원칙이 3가지 있답니다.

무늬는대기업의 재테크 원칙

① 선저축 후지출
② 택시비와 수수료 아끼기
③ 체크카드 사용
　신용카드는 임직원할인 받을 때만 사용하고, 신용카드를 쓰더라도 선결
　제해서 카드값이 밀리지 않게 바로바로 내고 있어요.

모든 재테크는 '시간'과 '원금'이 가장 중요한 것 같아요. 제일 기본인 적금의 경우 잊고 지내다 보면 더 금방 모이는 것 같아요. 그리고 재테크의 핵심 3가지 '절약+저축+투자'! 이 3가지만 잘 지킨다면 돈 걱정 없이 살 수 있다고 생각합니다.

절약 · 저축 · 투자의 결실 1억

열심히 저축하고 재테크에 힘을 쏟아 올해 드디어 자산 1억을 달성했습니다. 저의 자산 현황을 한번 같이 보시겠어요?

2019년 10월 기준 자산 현황

- **전세금**: 8,700만원
- **CMA**: 50만원
- **변액펀드**: 470만원(2015년 12월~2025년 12월, 월 10만원씩 납입)
- **일반펀드(3종)**: 270만원(2019년 6월~2021년 6월 예정, 월 15만원씩 납입, 수익률 10% 목표)
- **주식**: 약 480만원(수익률 10% 목표, 투자수익금은 재투자 중)
- **P2P**●: 40만원(2019년 2월~2019년 12월, 1회 입금, 표면이자 10%, 실제이자 5%대, 올해 지나면 주식 투자로 돌릴 예정)

●   P2P: Peer-to-Peer Lending의 줄임으로 P2P 대출이라고도 한다. 온라인에서 대출과 투자를 연결하는 핀테크 서비스로 대출자에게는 시중 은행보다 낮은 금리를, 투자자에게는 높은 수익을 제공하는 서비스

- **주택청약**: 735만원(2014년 9월~)
- **저축성보험**: 540만원(2011년 7월~2021년 7월 만기)
- **자유적금**: 30만원(대출 우대금리를 위한 1회성 가입 유지)
- **26주적금**: 30만원(버스 대신 걸어서 출퇴근 시 매일 1,000원 추가)
- **정기적금**: 240만원(2019년 6월~2019년 12월, 월 20만원씩 납입)
- **가족적금**: 40만원(2019년 7월~, 월 10만원씩 납입)
- **공돈, 부수입**: 30만원(좌담회, 설문 포인트 적립)

1억!

저는 다양한 방법으로 재테크를 하고 있는데요, 늘 수익을 본 것은 아니에요. 2015년 12월에 연금으로 알고 가입했던 종신보험을 이번에 해지하면서 500만원을 손해 보았어요. 저처럼 잘 모르고 의욕만 앞서 가입하면 이렇게 손해를 볼 수 있습니다. 특히 사회초년생 때 무턱대고 가입하지 말고, 잘 알아보고 확신이 들면 그때 가입하시길!

사회초년생 때는 투자보다 재테크 공부를!

사회초년생 때는 적금과 청약, CMA로 일단 목돈을 모으면서 책과 강연, 인터넷을 통해 재테크 공부만 우선 하셨으면 좋겠어요. 의

욕만 앞서서 이것저것 하다가는 저처럼 손해를 보기 쉬워요. 공부도 없이 주식이나 펀드 같은 상품에 투자하면 더더욱 위험하고요. 그러니 무식하게 '목돈 모으기+공부하기'를 실천하시고 어느 정도 돈과 지식이 쌓이면 그때부터 조금씩 실전연습을 해 보시길 추천드려요. 저의 경우 입사 5년차 때부터 소액으로 펀드와 주식에 투자하고 있습니다. 지금은 수익률도 드라마틱하지 않고 원금 또한 적은 편이지만, 익숙해지고 어느 정도 레벨이 올라가면 점점 액수도 커지고 자신도 업그레이드할 수 있겠죠?

적성에 안 맞는 앱테크는 패스!
각자에게 맞는 재테크는 따로 있다

저는 성격상 앱테크가 잘 안 맞아서 좌담회, 설문조사, 중고책 판매 등 제가 잘할 수 있는 부업들을 선택해서 하고 있습니다.

■ 좌담회와 설문조사

좌담회는 엠브레인 패널파워, 네이버 부업 카페에서 주로 신청합니다. 조건에 해당되는 건 다 신청하고 있어요. 보통 2시간에 4만~5만 원 정도를 현금으로 받습니다. 돈도 벌고 또래와 얘기하는 재미도 즐길 수 있어서 1석 2조예요. 설문조사는 엠브레인과 오베이, 칸타모바일 등을 이용하고 있어요. 엠브레인은 회사메일로 연동해 놓고 여유 있을 때 참여합니다. 조건에 해당되지 않으면 1회에 50원, 해당되면 시간을 더 투자해야 하긴 하지만 1회당 1,600원까지 적립할 수도 있어요. 최근에는 그동안 모은 적립금 2만원을 현금으로 지급받았는데, 그러고도 남은 적립금이 5,000원이 넘었네요. 오베이는 푸시알람이 와서 종종 참여하는데, 거의 3분 이내면 끝낼 수 있고 100~200원 정도 적립되는 경우가 많아요. 그리고 문화생활은 무료 영화 시사회로 즐기는 편이에요. 칸타모바일은 제가 구매하는 상품 목록을 등록하면 일주일에 100~130점(1,000~1,300원 가치)을 받는데, 1년 정도 해보니 6만점에 조금 못 미치더라고요. 최근에 5.5만점을 문화상품권 5만원권으로 교환했습니다. 엄마에게 감사 의미로 롯데상품권 선물해 드리기도 했어요.

좌담회 아르바이트 신청하는 곳(엠브레인 패널파워, 네이버 부업카페)

설문조사 아르바이트 신청하는 곳(엠브레인, 오베이, 칸타모바일)

■ **중고책 판매**

제가 다니는 회사는 매월 최대 2권까지 도서 구입비를 지원해줘서 읽고 싶은 책을 신청해 다 읽고 난 뒤에 중고로 판매해요. 여러 번 읽고 싶은 책을 제외하고, 나머지는 최대한 깨끗이 보고 중고서점에 내놓습니다.

다 읽은 책은 중고 서점으로!

이렇게 저에게 맞는 부수입을 찾아 열심히 노력한 결과 6개월 만에 19만원을 벌었습니다. 이런 부수입을 기록하지 않고 그냥 공돈이라고 생각했으면 쉽게 써버렸을 텐데, 월재연에서 배운 대로 별도의 계좌에 모으니 의미부여도 되고 돈을 허투루 쓰지 않게 되었어요! 부수입을 올릴 수 있는 방법은 정말 많습니다. 모두 할 수 있다면 좋겠지만 어떤 건 성격이나 여건상 하기 힘든 분들도 있을 거예요. 많이 하는 것보다 스트레스 받지 않고 자신에게 맞는 방법을 찾아 즐겁게, 꾸준히 하는 게 더 중요하다는 걸 꼭 명심하세요!

재테크 의지와 실천력 충전!
월재연 재테크 고수의 강연 듣기

기다리고 기다리던 밍키언냐님의 종잣돈 모으기 강연을 들었어요. 강연 전 신청자들이 카페에 올린 글까지 꼼꼼히 읽고 파악하신 느낌이 들어서 더욱 알찬 강연이었어요. 저에게는 작년 10월 목표였던 '생활비 60만원대로 진입하기'가 잘되고 있는지 체크해주셨어요. 다행히 지난달에 생활비 60만원대 진입에 성공했고, 앞으로도 1일 2만원 쓰기를 계속할 수 있을 것 같아서 당당히 잘하고 있다고 말씀드렸습니다.

자산 금액별 전략과 제가 특히 어려워하는 앱테크를 잘 정리해 주시고, 카테고리별로 묶을 수 있는 최소한의 애플리케이션들을 알려주셔서 특히 더 도움이 되었어요. 덕분에 3~6개월 정도 꾸준히 앱테크를 해서 그 부수입으로 고마운 지인들에게 밥 사주기라는 새로운 목표가 생겼습니다. 강연을 들으며 또 하나 신기하고 반가웠던 것은 밍키언냐님이 저처럼 수기가계부와 가계부 앱을 같이 쓰신다는 것이었어요. '내가 잘하고 있구나!' 싶어 내심 뿌듯했습니다. 다시 한번 저의 의지와 실천력을 꽉 차게 충전해준 강의였어요.

1억 모으기 목표 달성, 그다음은?

목표했던 대로 1억 모으기에 성공했으니 그다음 목표와 계획을 세워야겠죠? 저는 자산 중 전세금을 결혼자금으로 돌리고, 유동성 자금 1억 모으기라는 새로운 목표를 세웠어요.

■ 새로운 목표를 위한 투자

유동성 자금 1억 만들기라는 목표를 위해 여러 가지 방법으로 본격적인 실전 투자 연습을 시작했습니다. 현재 주식, 펀드, P2P에 투자하고 있고 부동산 투자는 아직 관심이 생기지 않아 조금 더 두고 보려고 합니다.

유동성 자금 1억 모으기 현황

1 | 주식: 현재 조금씩 실전 연습 중

- 방식: 적금처럼 월 30만원~50만원으로 분할매수 / 여윳돈이 있거나 주가가 급락하면 추가 매수
- 1차 목표: 적금이자보다 많이 받아서 커피는 배당금으로 사먹자!
- 해외주식: 배당주 위주로 진행
- 국내주식: 삼성전자 위주로 진행

2 | 일반펀드(2종): 월 약 15만원으로 분할 매수(리스크 헤지를 위해 월재연의 투생님 특강에서 배운 방법으로 직접 찾아보고 공부한 뒤 실전 투자 중)

- 중국펀드(+4%대), 인덱스(+3%대)
- 목표기간: 2019년 6월~ 2021년 6월(2년×월 15만원)
- 목표수익률: +10%

3 | P2P 투자
- 목돈으로 1회 납입하고 계약기간 내에 매달 이자 나눠서 받는 중

주식 투자를 해보니 전보다 경제 및 뉴스에 관심이 더 많아지더라고요. 해외주식은 배당주 위주로, 국내주식은 일단 삼성전자 위주로 매입하고 있고, 배당금으로 커피값 정도는 벌어보자는 목표로 열심히 하고 있습니다. P2P는 원금이 적어서 이자가 크진 않아요. 특히 P2P는 원금 및 이자 지급이 늦어지는 경우도 있어서, 신경을 많이 써야 해요. 저는 다행히 꼬박꼬박 이자를 받았고 다음 달이면 만기가 되어 원금도 돌려받게 되는데요, 소액으로 실제 투자해 본 결과 저는 주식이 더 잘 맞아서 P2P 원금과 이자는 주식으로 돌릴 예정입니다.

펀드의 경우에는 소장펀드(10년짜리) 하나와 일반펀드 두 개에 투자하고 있습니다. 소장펀드는 2015년에 판매가 종료되었어요. 당장 납입 안 해도 되는 상품이라 당시에는 일단 가입만 해놨다가 2018년부터 월 납부금액을 정해서 납부하고 있습니다. 일반펀드의

경우 월재연 투생님의 오프라인 강의도 듣고, 책과 인터넷을 통해 공부도 한 끝에 2개를 골랐습니다. 매월 일정금액을 납부하고 있고, 투자수익률이 안 좋을 때도 기쁜 마음으로 추가로 납입하고 있어요. 이전에 지인 말만 듣고 펀드 수익률이 낮으면 추가로 매수하지 않았는데, 투생님 강의를 듣고 나서 마인드 컨트롤이 중요하단 것을 알았어요. 또한, 장기로 가져가는 펀드는 수익률이 마이너스일 때 추가로 매수해야 몇 년 뒤 웃을 수 있다는 것을 믿고 추납하고 있습니다.

해외주식은 미국 배당주에만 투자하고 있습니다. 적금처럼 일정금액으로 매달 매수하고 있어요. 그리고 원래 오늘 쓸 예정이었으나 안 쓴 돈이 생기면 미국 배당주를 추가로 매수합니다. 직접 투자하다 보니 세계 경제와 환율에 대해 관심이 더욱 많아졌어요. 요즘은 책, 유튜브, 인터넷을 통해 궁금한 회사의 정보와 돈의 역사를 쉽게 접할 수 있어서 자투리 시간에도 제가 보유한 주식 관련 뉴스와 해당 회사의 재무제표를 찾아보며 저만의 공부 방법을 찾아가고 있습니다. 펀드와 해외주식 둘 다 장기로 보고 꾸준히 투자해 나가려고 합니다.

이렇게 여러 가지 방법으로 소액투자를 실천하면서 본인의 성향에 맞는 재테크 방법을 찾는 게 바람직한 것 같아요. 다양한 경험 끝에 잘 맞는 분야를 찾고, 그 분야를 더 공부하고 실천해서 재테크 방법을 업그레이드하면 더욱 튼튼한 재테크 파이프라인을 만들 수 있습니다. 저도 파이프라인을 구축하기 위해 앞으로 많이 연습하고 노력할 예정입니다. 그리고 저는 월마감과 연마감을 통해 자산을 기록하고, 비교하고, 계획을 세웁니다. 이렇게 자주자주 자산을 들여다보면 다시 한번 마음가짐을 다잡을 수 있어요. 여러분도 자산을 지속적으로 기록하고 비교해 보시기를 권합니다.

그동안의 재테크를 돌아보며, 직접 번 돈이 쌓이는 게 최고의 행복!

목표했던 1억을 모으기 전까지 가장 힘들었던 건 사회초년생 때 공감하거나 같이 즐겁게 재테크할 사람이 없었다는 점이에요. 돈이나 재테크 관련 이야기를 하면 그저 돈 밝히는 20대 여자로만 보는 주변 시선들도 불편했어요. '저렇게까지 악착같이 모으고 싶나?' 하는 시선으로 바라보는 사람들도 있었거든요. 사실 그 당시에는 쇼핑이나 여행에 큰 관심이 없다 보니 자연스럽게 낭비를 안 했을 뿐인데 말이에요(지금은 문화생활도 즐기고 여행도 다니면서, 즐기는 삶의 카테고리를 다양하게 경험하고 있어요).

아무래도 제가 어린 나이부터 재테크에 관심이 많았던 터라 주변에 저만큼 재테크에 관심이 깊은 또래가 거의 없었어요. 일단 취업 자체가 워낙 어렵다 보니, 스물네 살에 취직한 친구들도 몇 없었죠. 그 당시 제 주위 사람들 중 재테크에 관심 있는 사람은 오직 저희 엄마뿐이었어요. 이런저런 얘기는 많이 나눴지만 엄마와 저는 보유금액 자체가 달랐기 때문에 저랑 레벨이 비슷한 분들이 많은 월재연에 정말 자주 들어왔어요. 또래의 글도 보고 재테크 선배의 글도 많이 봤죠.

사실 지금까지 목표를 이루는 데 어려운 점이나 슬럼프는 없었어요. 내가 직접 번 돈이 쌓이는 것 자체가 정말 행복해서 그런 것 같아요. 저는 200만원이 모인 통장을 보면 500만원으로 만들고 싶고, 800만원이 모인 통장을 보면 1000만원으로 만들고 싶고, 그게 성공하면 그 자체로 희열을 느껴요. 마음이 풍족해지는 느낌? 오히려 1억을 넘긴 요즘이 슬럼프라고 할 수 있을 것 같아요. 그럴 때마다 월재연 카페에 더 자주 들어오고 오프라인 강의도 더 들으려고 해요. 월재연의 '21일 부자습관' 오프라인 강의에서 알게 된 21일 부자습관 8기 분들과 단톡방에서 다양한 정보를 주고받기도 하고요. 그러다 보면 자연스럽게 슬럼프도 극복할 수 있고 건강한 자극도 받을 수 있답니다!

혼자가 아닌 여럿이 하는 P2P 투자, 제대로 알고 하자

여기저기서 들어본 적은 있으나 정확히 어떤 것인지 헷갈리는 P2P 투자. P2P 투자는 'Peer To Peer'의 줄임말로, 돈이 필요한 개인이나 기업을 투자자와 연결해 주는 금융직거래 서비스를 뜻합니다. 돈이 필요한 대출자가 은행이 아니라 온라인플랫폼을 통해 직접 돈을 투자받는 형식이죠. 아직 머릿속에 그림이 잘 그려지지 않는다면 다음 그림을 보세요.

P2P 개념도

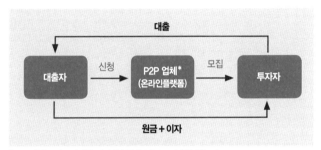

* P2P 업체는 자금 중개를 담당하며 중개수수료로 수익을 얻는다.

대출자가 P2P 업체에 대출을 신청하면, P2P 업체는 투자자를 모집해서 대출자에게 투자금을 전달합니다. 이 과정에서 P2P 업체가 중개수수료로 수익을 얻는 구조입니다.

P2P는 투자 형태나, 담보 종류, 대출자의 유형에 따라 종류가 나뉩니다.

P2P 종류

구분	신용대출상품	담보대출상품	
	개인채권투자	기업투자	부동산투자
투자 형태	개인채권투자	기업투자	부동산투자
담보 종류	개인신용	동산 (주식, 매출채권 등)	부동산 (주택, 건물, 토지 등)
대출자	돈이 필요한 직장인, 사업자금이 필요한 개인사업자	기업	건설업자, 부동산개발사업자
특징	• 개인의 신용을 담보로 하기에 원금회수에 문제가 생길 수 있다. • 여러 상품에 분산투자하는 것이 바람직하다.	• 개인채권투자에 비해 상환기간이 짧다. • 원금회수에 문제가 생기면 담보를 매각해 손해를 보상받을 수도 있다.	• 타 상품에 비해 수익률이 가장 높다. • 부동산 경기침체로 부실대출이 커지면 투자손실을 볼 수 있다.

잘만 하면 은행 적금으로는 꿈도 못 꿀 높은 수익률을 기록할 수 있지만, 부실대출이나 연체율 급증 또는 투자사기로 인해 손해를 볼 수도 있습니다. 신중하게 결정해야 하는 P2P 투자, 시작하기 전 무엇을 고려해야 할까요?

P2P 투자 이것만은 꼭 알고 하자!

• P2P 투자는 투자 수익과 원금이 보장되지 않는다.
• 투자수익에 대한 세율이 높다.

투자에서 명심해야 하는 말이 있죠? "High Risk High Return!" P2P 상품은 수익성과 리스크가 큰 상품 중 하나입니다. 대출자가 대출 상환을 제대로 하지 않으면 투자수익도, 원금도 손실될 가능성이 있습니다. 또한 P2P 업체는 대부업으로 등록되어 있어 P2P 투자수익에 대해 27.5%의 세금을 내야 해요. P2P 업체에 중개수수료도 따로 부담해야 하고요. 그런 만큼 새로운 투자 수단으로 주목받고 있긴 하지만 제대로 알아보지 않고 뛰어들기에는 위험한 시장입니다. 그렇다면 P2P 업체를 고를 때 어떤 점을 유의해야 할까요?

P2P 업체 선정 체크리스트

- 금융감독원에 등록된 업체일 것
- 한국P2P금융협회에 소속되어 있을 것
- 연체율이 낮고 평판이 좋을 것

월재연 카페나 인터넷 커뮤니티 등에서 P2P 업체에 대한 정보를 얻는 것도 좋은 방법이에요. 어려울 것 같아도 카페나 커뮤니티 회원들의 경험에서 우러나오는 노하우를 접하다 보면 용기를 얻을 수 있어요. P2P로 고수익 재테크에 성공해 보세요!

동갑내기
신혼부부의
결혼 재테크

(feat. 결혼과 신혼여행, 집)

ID 푸푸푸랑

| 남편과 '따로 또 같이' 재테크로 브랜드아파트 내 집 마련 | 부부짠테크 1년 만에 대출금 4,200만원 상환 | 알뜰하지만 부족하지 않은 신혼라이프를 즐기는 부부 |

월급만으로 결혼 준비 완료!
서로가 원하는 결혼에 대해 충분히 논의하기(목표 설정)

저는 2018년 12월에 결혼한 새댁이자 예비엄마입니다. 결혼이라는 큰 관문을 통과하려면 반드시 넘어야 하는 장애물이 있죠. 신혼집과 결혼식, 신혼여행 준비인데요, 남편과는 동갑내기로 양가 모두 넉넉한 편은 아니었습니다. 그나마 다행이었던 건 둘 다 직장에 다니고 있고, 낭비하는 스타일이 아니어서 꾸준히 돈을 모은 덕분에 둘이 차곡차곡 모은 1억을 내 집 마련에 보탤 수 있었다는 것입니다. 모은 돈을 모두 집에 쏟아넣고 나니, 나머지 준비는 모두 사실상 월급으로 한 것이나 다름없습니다.

저와 예비신랑은 원하는 결혼에 대해 서로 많은 이야기를 나누었습니다. 그 결과 서로가 원하는 결혼식 모습 그리고 결혼 이후 삶의 목표까지 많은 것을 공유하게 되었고, 덕분에 큰 다툼 없이 목표를 설정하고 추진할 수 있었습니다.

푸푸푸랑 커플의 결혼 준비 목표
- 허례허식 없는 결혼식
- 양가의 도움 없이 준비하는 결혼식
- 낭비 없이 둘이서 감당할 수 있는 범위에서 소비하기
- 신부의 결정을 믿고 따르기

이렇게 큰 목표를 정하고 나니 금방 예산을 세우고 실천할 수 있었습니다.

둘 중 유리한 사람에게 연말정산 몰아주기

저희 둘은 본격적인 결혼 준비에 돌입하면서 경제적인 부분을 상의하기 위해 서로 재정상황을 오픈했습니다. 그리고 재정적인 부분은 제가 담당하기로 하고, 연말정산은 저보다 세금을 많이 떼는 예비신랑에게 몰아주기로 했죠. 환급을 많이 받겠다는 목적보다는 돈을 토해내는 것만 피하자는 생각이었어요. 그래서 저와 예비신랑은 서서히 지출을 합쳤습니다. 그렇게 각자 카드값, 보험료 등을 제외한 나머지를 합쳐 사용하며 결혼 준비를 한 결과! 연말정산 후 예비신랑은 80만원, 저는 1만원을 환급 받았습니다.

결혼 준비에 필요한 지출 항목과 예산 정하기

결혼을 생각할 당시 제가 모은 돈은 5,000만원 정도, 예비 신랑이 모은 돈은 4,000만원 정도였습니다. 저희는 이 돈을 모두 내 집 마련에 보태기로 했습니다. 그렇다 보니 결혼 준비에 드는 비용을 저희 월급으로 모두 충당해야 해서 최대한 아끼며 준비하기로 했습니다. 일단 결혼 준비 카페에 가입한 뒤 관련 애플리케이션을 다운로드해 정보를 얻었습니다. 카페나 애플리케이션에서 활동하면서 받은 출석체크 포인트, 글을 올려 받은 포인트 등으로 사진 보정을 받는 등 소소한 혜택도 놓치지 않았어요.

또한 다른 분들의 글을 꼼꼼히 읽어보며 정말 필요한 것들만 추렸습니다. 저희 둘 다 결혼식 자체보다 결혼 이후의 삶에 더 초점을 맞췄기 때문에 허례허식 혹은 쓸데없는 낭비를 쏙 뺀 결혼을 하기 위해 더욱 노력했던 것 같아요.

결혼 예산은 크게 결혼식, 신혼여행, 신혼집 준비로 나누어 예산을 잡았습니다.

푸푸푸랑의 결혼 예산(결혼식, 신혼여행, 신혼집 준비)

나에게 맞는 혜택을 누릴 수 있는 신용카드 만들기

결혼 준비 카페나 관련 애플리케이션을 통해 회원들을 살펴보니 대부분 pp카드(Priority pass 카드, 전 세계의 공항라운지 이용 혜택이 있는 신용카드)를 사용하고 있었습니다. 저는 개인적으로 라운지 사용 혜택이 그다지 매력적이지 않았고, 신혼여행지인 이탈리아가 직항이라 라운지를 이용할 일이 없을 것으로 판단했습니다.

운 좋게도 회사에 방문한 카드 영업사원을 통해 저에게 맞는 혜택을 가진 카드를 발급받을 수 있었습니다. 연회비 10만원짜리 카드였는데, 8만원짜리 주유권 이외에도 여러 이벤트 참여를 통해 12만원 정도를 받을 수 있었습니다. 또한 결혼 준비 후 15만 점 정도 포인트가 쌓여 캐쉬백을 받기도 했습니다.

신혼 가구 살 때는 무조건 발품을 많이 팔자

저희 부부는 비싼 가전이나 가구에는 별로 욕심이 없었고, 나중에 아이가 생겨 이사하면 가구를 바꿔야 할 것 같아 가성비 좋은 가전과 가구를 선택하기로 했습니다. 다행히 신혼집 아파트가 신축이어서 빌트인 가구들이 꽤 있었습니다. 덕분에 가구는 크게 침대, 소파, 식탁 정도만 인터넷으로 저렴하게 구매했습니다.

스드메, 웨딩홀 대관료 등을 최대한 아끼자

저는 타지에서 결혼하느라 스드메*를 알아보는 데 한계가 있었어요. 그래서 지인이 이용한 곳에서 계약했는데, 총 230만원이 들었습니다. 특별히 싸지도 비싸지도 않은 금액이었어요. 물리적인 거리 때문에 자주 가볼 수 없어 발품을 많이 팔진 못했지만, 대신 스드메를 계약한 곳에서 제가 알아본 웨딩홀을 직접 연결해 주어 대관료 공짜에 식대도 할인 받을 수 있었습니다. 본식 촬영도 추가금액 없이 진행했고, 웨딩앨범은 20쪽짜리로 적게 한 편이지만 결혼식 이후 웨딩앨범을 찾아보는 일이 별로 없어서 이 정도만 해도 충분하다고 생각합니다.

알뜰하지만 부족하지 않았던 결혼

생각해 보면 1년도 채 되지 않은 일인데 열심히 결혼 준비를 했던 게 벌써 까마득하게 느껴지면서 예전 생각이 새록새록 납니다. 최대한 알뜰하게 그러나 부족함 없이 결혼할 수 있었던 것은 허례허식은 모두 버리고, 꼭 필요한 것만 하자는 다짐 덕분이었던 것 같습

---

* 스드메: 스튜디오, 드레스, 메이크업을 줄여 부르는 말

니다. 지금은 결혼식을 무사히 마치고 신혼을 즐기고 있지만, 신혼집 대출금 상환이라는 숙제가 아직 남아 있습니다. 그리고 이 숙제를 성공적으로 마치기 위해 저는 본격적인 짠테크를 시작했습니다.

절약의 시작, 네이버 재테크 카페 1위 월재연의 알찬 강의 듣기

월재연 카페를 둘러보면 재테크 고수들이 참 많습니다. 사실 처음 월재연 글을 읽을 때는 실천할 자신이 없었어요. 가장 큰 이유는 '굳이 저렇게까지 해야 하나?'라는 마음 때문이었습니다. 어찌 보면 굉장히 건방진 마인드이지요. 한 번도 해본 적이 없어 두려운 마음에 더욱 방어적인 태도로 받아들였던 것 같습니다. 하지만 거두절미하고 일단 시작해 보세요. 정말 나 자신이 변합니다. 가장 추천하는 것은 월재연 오프라인 강의에 참석하는 것입니다. 저는 두 개의 강의에 참석했는데요, 꼬꼬빠님·구짱님의 강의와 믿음용기인내님의 강의를 들으며 마음을 다잡고, 재테크의 기초부터 응용까지 많은 도움을 받을 수 있었습니다. 애매하고 어렵기만 한 것이 아니라 우리 생활에 실제로 도움이 되는 강연을 들을 수 있고, 후기 이벤트를 통해 선물도 받을 수 있으니 꼭 들어보세요. 월재연 외에도 다양한 재테크 강의가 늘 활발하게 열리니, 조금만 손품을 팔면 원하는 강의를 들을 수 있어요.

지속가능한 짠테크의 첫걸음, 배우자와 재무 목표 자주 공유하기

남편은 열심히 짠테크를 실천하는 제 모습에 처음에는 굉장히 힘들어했습니다. 돈을 아끼는 게 힘들어서가 아니라, 아내가 돈을 잘 못쓰고 아끼는 모습이 마음 아프다며 자신이 조금 더 열심히 일할 테니 지나치게 아끼며 힘들게 살지는 말자고 하더라고요. 본인의 능력이 부족한 것은 아닌지 자책하는 남편을 보며, 함께 재무 목표를 공유하고 이 목표를 향해 같이 열심히 살아야겠다고 생각했어요.

"여보, 나는 나중에 육아휴직에 들어가서 외벌이로 생활해야 할 때가 걱정이에요. 그래서 현재 우리 가게 상황을 분석하고, 최대한 절약해서 외벌이가 되었을 때 당신이 덜 힘들었으면 해요."

저희 둘은 많은 이야기를 나누었고, 현재 결혼 준비 때와 마찬가지로 목표를 세워 함께 절약하고 있습니다.

푸푸푸랑 부부의 가계 목표

1 | 임신 준비 및 출산 후 외벌이 상황에 대비하기

- 고정지출을 최대한 줄인다.
- 대출금은 최대한 많이 갚는다.

2 | 비상금 마련하기

- 비상금 액수는 생활비의 최대 3배까지 잡는다.

푸푸푸랑 부부의 '따로 또 함께' 가계 지출 파악하기

■ 남편의 지출 리모델링

먼저 보험료를 정리했습니다. 그동안에는 남편이 보험료를 보내
드리면 어머님께서 보험료를 납부하는 방식이었으나, 연말정산 문

구분	파악	파악 후 변경	비고
보험료	10만원	10만원	보험료 납부: 시어머니 → 남편으로 변경
연금	10만원	10만원	
운전자보험	3만원	3만원	
통신비	6만원	2만원대	통신비 할인 신용카드 사용+애플리케이션 리워드로 절약
동호회비	연간 25만원	계속 할지 고민 중	
대출이자	58만원	58만원	

제도 있고 새로운 가정을 꾸린 가장으로서 굳이 보험료를 보내드릴 필요 없이 직접 내는 것이 맞다고 생각해 저희가 가져왔습니다.

남편의 통신사가 SKT인데 SKT 통신비 할인 신용카드(tello 카드)를 사용하고, AIA 바이탈리티 애플리케이션을 이용해 걷기 도전을 해서 받은 리워드(3,000원씩)로 통신비를 2만원대로 줄였어요. 그리고 실적이 인정되는 고정비의 경우 최대한 한 카드에 몰고, 기존 신용카드에서 실적을 다 채우면 체크카드를 사용하며 연말정산에 대비합니다.

롯데카드 텔로 SKT

10월에 받은 혜택

TELLO

상세
보기

할인
SKT 통신요금 1만6천원~2만6천원 결제일 할인   받은 혜택 21,000원

10월 혜택을 위한 이용실적 달성
이용실적 반영기간 : 2019.09.01~2019.09.30

904,600원

0원   이용실적기준 300,000원

SKT 통신 요금을
할인받을 수 있는 텔로 카드

AIA 바이탈리티 애플리케이션에서 리워드 받기

1 | AIA 바이탈리티 애플리케이션을 다운받아 가입하고, 나이 측정 및 디바이스 연동 등을 완료한다.

2 | 월요일 00시부터 미션을 시작한다.

3 | 일주일 동안 걷고, 250포인트를 달성해 리워드 혜택을 받는다.

- 7,500걸음: 50포인트
- 12,500걸음: 100포인트
- 최대심박수 60% / 30분간의 신체활동: 50포인트
- 최대심박수 70% / 30분간의 신체활동: 100포인트
- 최대심박수 60% / 60분간의 신체활동: 100포인트

* 하루 최대 100포인트까지 획득 가능 / 최초 주간 목표 점수는 250포인트, 매주 개인 목표 달성에 따라 변경 / 총 24주간 제공, 매주 3,000원씩 월 최대 12,000원 통신비 할인 가능

4 | 미션 달성하고 AIA 바이탈리티 리워드 획득하기

선택 가능한 리워드
- SK텔레콤 통신비 할인: 3,000원
- 파리바게뜨 아메리카노(ICED) 1잔
- 크린토피아 세탁 금액 4,000원권
- 11번가 3,000원 할인 쿠폰

■ **푸푸푸랑의 지출 리모델링**

구분	파악 초기	파악 후 변경	비고
보험료	20만원	10만원	
보험 저축	50만원	50만원	2023.01 만기
통신비	3만원	25,000원	
대출이자	60만원	30만원	2019.03 3,000만원 대출 완납
기타 고정비	3만원	3만원	

제가 생각하는 감당 가능한 고정지출의 기준은 '외벌이일 때도 감당할 수 있는가?'였습니다. 월재연에서 살펴보니 제 보험을 정리할 필요가 있겠더라고요. 제 보험은 CI 보험*으로 제가 고등학생일 때 어머니가 들어두신 거였어요. 실비를 유지하는 선에서 사망보험금을 최소화하여 보험료를 줄이고, 800만원을 환급받아 대출금을 갚는 데 사용했습니다.

통신비 또한 여러 알뜰 통신사를 비교해 보고 제 기준에서 가장 만족스러운 곳을 골라 요금을 줄였습니다. 처음에는 유플러스에서

● CI 보험: 건강보험과 종신보험의 성격을 동시에 지닌 보험. 가입자가 암이나 뇌졸중 등 치명적인 질병이 생기거나 갑작스럽게 사고를 당했을 때 보험금의 일부를 미리 지급하여 피보험자의 부담을 줄일 수 있게 한 보험

데이터 300MB + 통화·문자 무제한 + 업무상 필요한 부가서비스 (8,000원) 요금제를 이용하니 43,000~45,000원 사이로 요금이 나왔습니다. 그러다 알뜰폰 통신사로 이동하면서 기존 통신사와 같은 조건으로 월 요금을 25,000원 정도로 줄였죠. 그러다 최근 저의 휴대전화 사용 패턴을 보니 생각보다 통화나 문자가 이전처럼 무제한으로 필요하지 않아서, 기존 알뜰폰 통신사에서 새로 진행하는 이벤트 요금제로 바꿨어요. 현재 데이터 150MB + 통화 200분 + 문자 200분 + 업무상 필요한 부가서비스(8,000원) = 17,000원 정도 나옵니다. 자신의 휴대전화 사용 패턴을 주기적으로 점검하고, 기회가 되면 자신에게 맞는 더 저렴한 요금제로 갈아타는 것을 추천합니다!

물건은 미니멀하게, 시댁과 친정을 최대한 활용하자!

저는 기본적으로 생필품이나 물건을 쟁여두는 편은 아니에요. 하지만 생각보다 선물도 많이 들어오고 양가 어머님이 챙겨주시는 덕분에 부족함 없이 생활하고 있어요. 결혼 준비를 하며 남편과 양가의 도움은 절대 받지 않기로 약속했고, 정말 저희 둘만의 힘으로 결혼했습니다. 그렇기에 양가에서 미안하고 고마운 마음에 주시는 생필품이나 식품 등은 거절하지 않고 야무지게 받아옵니다. 양가 어머님들이 수십 년간 쌓아두신 물건들도 잘 챙겨오는 편입니다. 덕분에 집 정리도 해드릴 수 있어서 좋아요. 그리고 얼마 전에 찾아온 아기 소식으로 아기 용품들이 필요해졌는데요, 여기저기서 선물도 주시고 '맘큐 허그박스', '마더케이' 등을 통해 임신축하 선물들을 받기도 했어요!

맘큐 허그박스에서 받은 임신축하박스

신혼부부라면
최소한 3~6개월 정도는 꼭 가계부를 쓰자

안타깝게도 저는 기록을 잘하는 편은 아닙니다. 어렸을 때부터 다이어리, 스터디플래너 등 다양하게 시도해 봤지만 실패했어요. 그럼에도 불구하고 가계부는 무조건 3~6개월 정도 꾸준히 써볼 것을 추천합니다. 처음엔 돈을 너무 많이 쓴 것은 아닌가 싶고 여러 생각이 들어 힘들었지만, 꾸준히 기록하면서 우리 가족의 고정비와 낭비하는 부분을 파악할 수 있었고 지출의 흐름을 파악할 수 있었어요. 시작은 어렵지만 어느 정도 가계가 파악되고 절약하는 것이 습관화되면, 꼭 가계부를 쓰지 않더라도 불필요한 지출을 줄일 수 있습니다. 물론 이건 저의 성향이 반영된 이야기이고 가계부를 꾸준히 쓰시면 더욱 좋겠지요.

귀차니스트에게 최고!
탁상달력 가계부

푸푸푸랑의 탁상달력 가계부

동갑내기 부부의 짠테크

1년 만에 대출금 4,200만원 상환!

저희 부부는 2018년 10월에 대출을 받았습니다. 저는 6,000만원, 남편은 8,500만원을 받았는데요, 현재는 제 대출금이 2,000만원, 남편의 대출금이 8,300만원 남아 있습니다. 즉, 지금까지 4,200만원 정도 갚은 셈입니다. 제 대출은 중도상환수수료가 없어서 먼저 갚아 나가고, 남편의 대출은 중도상환수수료가 있어서 3년 뒤부터 갚아 나가거나 제 대출금을 모두 갚은 후 중도상환할 계획입니다.

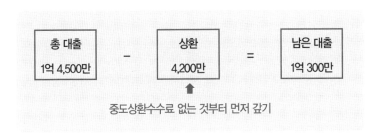

총 대출
1억 4,500만
−
상환
4,200만
=
남은 대출
1억 300만

중도상환수수료 없는 것부터 먼저 갚기

푸푸푸랑 부부의 신혼집 이야기
남편의 버킷리스트였던 브랜드 아파트에 입성하다

연애시절 남편은 종종 40대가 되면 아이들과 함께 브랜드 아파트에 살고 싶다고 이야기하곤 했어요. 그쯤에는 돈도 좀 벌고 할 테니 열심히 노력해서 브랜드 아파트로 이사 가자고 했죠. 당시만 해도 막연한 꿈이었는데, 첫 시작부터 브랜드 아파트에 입성하게 되었어요! 남편의 꿈이었던 브랜드 아파트 입성기를 소개합니다.

■ 시세보다 저렴하게 구입한 신축 아파트

남편과 결혼을 결심하며 정착할 지역을 물색했어요. 특히 그 당시 남편과 장거리 연애 중이어서 제가 사는 지역과 남편이 사는 지역 중 어디에 정착할지가 고민이었죠. 저는 광역시에 근무 중이었고 남편은 지방 도시에서 근무 중이었는데, 저는 이직이 쉬운 반면 남편은 어려워서 남편이 사는 지역으로 가기로 결정했습니다. 남편이 있는 지역은 아파트 공급물량이 전국 순위권에 들 정도로 많아서 1군 아파트라는 이름값에 비해 시세가 상대적으로 낮게 형성되어 있었어요. 그래서 살기 편하고, 매도 시 유리할 것 같은 조건들을 고려하여 다음과 같이 기준을 정하고 아파트들을 둘러보았습니다.

푸푸푸랑 부부의 신혼집 아파트 선택 기준

• 대단지(1,000세대 이상)인가?
• 단지 내에 초등학교가 있는가?
• 교통이 편리한가?

여러 군데를 둘러보고 1,000세대 이상으로 단지 규모가 큰 1군 브랜드 아파트로 결정했습니다. 단지 내에서도 초등학교와 가장 가깝고 도보로 안전하게 갈 수 있는 동을 선택했죠. 광역시에 신혼집을 마련한 친구의 이야기를 들어보니, 초등학교가 바로 단지 안에 있는 곳이 아닌 도로를 낀 옆 단지로 갔다가 나중에 시세 차이가 최대 1억 가까이 벌어졌다고 해서 최대한 초등학교까지 안전하게 도보

로 다닐 수 있는 단지를 고려했어요. 세대수가 많아 교통면에서도 발전 가능성이 있었고 시내는 자가용으로 5~10분 내외, SRT역은 10~15분 내에 갈 수 있는 점도 좋았습니다. 당시 분양권 매매가 많이 나왔는데, 10년 후 매도할 계획을 고려하여 로열층(중간층)으로 구매했습니다.

■ 마이너스피 * 900만원에 분양권을 매입하다

봐둔 아파트의 로열층 분양권이 마이너스피 800만원에 나온 것을 알게 되었어요. 그래서 바로 부동산에 가서 매도자의 상황을 파악(어떤 사정으로 매도한 것인지)해봤습니다. 알아보니 매도자가 투자 목적으로 분양권을 샀으나, 현재 이 지역의 신축아파트 공급이 너무 많아 전체적으로 가격이 낮아져 더 손해를 보기 전에 어쩔 수 없이 판매하는 것으로 확인되더군요. 100만원만 더 낮춰주면 바로 계약할 의사가 있다고 부동산 사장님께 이야기했더니, 책임지고 설득해주서서 100만원을 더 낮춰 바로 계약했습니다. 참고로, 현재는 아파트 값이 거의 회복되어 기존 분양 금액 또는 약간 낮은 가격에 거래되고 있습니다.

● 　마이너스피: 마이너스 프리미엄. 일반적으로 시간이 지나면 분양권에 프리미엄(웃돈)이 붙는데, 경제 상황이나 수요공급 문제로 아파트 값이 웃돈은커녕 분양권 금액 이하로 떨어지는 것

■ 세금 등 계약 시 필요한 금액을 미리 준비하자

저희는 분양권을 계약하며 낼 세금을 대략적으로 확인한 후 이를 어떻게 납부할 것인지 고민하다가, 신용카드 무이자로 취·등록세를 납부할 수 있다는 것을 확인하고 무이자 할부를 이용해 신혼집 준비에 대한 부담을 덜었어요. 그리고 남편과 둘이 힘을 합쳐 갚아 나갔죠(고정비로 분류하여 월급에서 미리 뺴둠).

대출은 당시 집단대출을 통해 진행했는데요, 가장 좋은 조건으로 대출 받기 위해 상담도 하고 직접 찾아보기도 했습니다. 스드메, 결혼식 등에 대한 욕심을 내려놓고 신혼집에 자금을 몰아넣어 감당할 수 있는 수준으로 대출을 받은 덕분에 지금도 힘들지만 잘 감당하고 있습니다.

팁을 하나 더 알려드리자면, 여러모로 얻을 수 있는 게 많으니 아파트 카페에는 꼭 가입하세요. 저는 아파트 카페에서 같이 등기를 진행하여 무료로 등기를 할 수 있었습니다. 그리고 각종 정보도 얻을 수 있었어요. 하자 처리나 여러 이벤트 및 혜택도 카페에서 많이 공유되니 놓치는 부분을 줄일 수 있어요!

■ 대출 금리를 지속적으로 확인하라: 대환으로 대출이자 줄이기

최근 기준금리가 최저치다 보니 저희가 받은 대출의 금리를 지속적으로 파악하고, 신혼부부라는 저희 조건에서 여러 기준을 살펴본 뒤 기존 대출보다 금리가 더 낮은 대출로 대환했습니다.

저희 부부가 아직 결혼하기 전인 2018년에 대출받을 때는 신혼부부 소득기준(2017 소득기준)을 초과하여 남편 이름으로 대출을 받았습니다. 신혼부부 디딤돌 대출은 당시 저희가 만 30세 미만이라 나이 기준에 맞지 않아서 신청할 수가 없었어요. 그러다가 결혼하고 나서 2018년 소득을 기준으로 계산하니 대출 조건이 충족되었어요.

그래서 남편과 둘이 열심히 대환을 준비했습니다. 대략 계산해 보니(한국주택금융공사 홈페이지에서 계산 가능) 대환을 통해 이자를 8만원 정도 아끼고, 원금 100만원을 미리 갚았더니 원금상환액도 약 2만원 정도 줄어 한 달에 약 10만원을 아낄 수 있었습니다. 이렇게 남

※ 고정금리				(연 %)
상품별/만기	10년	15년	20년	30년
u-보금자리론	2.5	2.6	2.7	2.75
아낌e보금자리론	2.4	2.5	2.6	2.65
t-보금자리론	2.5	2.6	2.7	2.75

* 출처: 한국주택금융공사 홈페이지, 2020년 2월 기준

편과 준비해서 대환한 결과 2018년 3.18% 금리로 진행했던 대출에서 1% 낮춘 2.18% 금리의 대출로 갈아탈 수 있었어요. 한국주택금융공사의 '아낌E보금자리론' 같은 대출상품을 알아보시면 좋을 것 같아요. 참고로 다주택자에게는 해당되지 않아요! 저희 부부는 살고 있는 집 한 채가 전부라 대환이 가능했습니다.

남편은 지금도 5성급 호텔도 안 부럽다고, 우리 집이 가장 좋다고 항상 말합니다. 저 역시 내 집이 생기니 안정감도 들고 잘 가꾸고 싶다는 생각이 들더라고요. 저희 역시 전세를 고려했으나 둘 다 안정을 추구하는 투자 성향인 데다, 전세사기 등 무서운 이야기가 뉴스에 종종 나오던 때라 매매를 결심했습니다. 언젠가 여러분이 신혼집을 마련하실 때 제 이야기가 조금이나마 도움이 되길 바랍니다.

대환 시 필수 확인 사항

- 말소비: 75,000원
- 중도상환수수료: 약 75만원. 중도상환을 해서라도 대환하는 것이 이익인지 신중하게 판단해야 합니다.
- 저희 부부는 미리 계산해본 결과 대략 10만원 정도를 아낄 수 있었고, 8개월 뒤부터는 이익이라고 판단하여 대환을 진행했습니다. 보통 3년 이후부터는 중도상환수수료가 없으니 참고하세요.

* 출처: 한국주택공사 홈페이지 FAQ(자주하는 질문) 게시판

외벌이 부부,
결혼 3년차에
전세 설움 끝내고
내 집 마련
성공!

ID 꼬빙꼬빙

양가 도움 없이 결혼, 내 집 마련 성공	경기도에 20평대 아파트 마련, 이후 외벌이로도 거뜬	식비 절약하는 집밥 준비의 달인

꼬빙꼬빙 부부의 내 집 마련 스토리

저희 부부는 결혼 4년차에 아직 아기가 없는 2인 가족입니다. 현재 신랑은 이직 준비 중이라 외벌이로 살고 있습니다. 2016년에 양가의 지원 없이 결혼했으며 현재 양가 부모님께 용돈을 드리고 있습니다. 결혼 후 남편은 다니던 회사를 퇴사했고, 재취업했다가 사정상 다시 퇴사하게 되었어요. 그러다 보니 그야말로 맞벌이처럼 바쁜 외벌이로 살아가고 있습니다. 그럼에도 저희 부부는 결혼 3년차에 전세 사는 설움을 청산하고 내 집 마련에 성공했답니다!

지금부터 내 집 마련 이야기를 시작해 볼게요.

■ 2018년 당시 자금 상황 간단 요약

- 2016년 당시 1억원의 자금으로 2억 5,000만원짜리 동작구 역세권 풀옵션 오피스텔에서 전세로 시작
- 2018년까지 2년간 5,000만원을 모아 총 1억 5,000만원의 자금을 조성. 전세와 매매 중 고민하다가 집을 매매하기로 결정
- 서울에서 아파트를 구하기 위해 노력했지만, 치솟는 집값과 여러 가지 여건을 감안해 경기도권으로 이사하기로 결정
- 2018년 초 7호선 역세권 라인 경기도 아파트 20평대로 이사

■ **주택 구매 자금 내역**

• **전세자금**: 2억 5,000만원(1억원 보유, 1억 5,000만원 대출)
• **회사대출**: 7,000만원
• **주택담보대출**: 집값의 60%

회사에서 받은 대출 덕분에 계약금을 마련할 수 있었고, 부동산 정책으로 대출이 막히기 전에 속전속결로 계약했어요. 당시 동작구에 있던 오피스텔은 역세권에 풀옵션이라 전세 수요는 걱정 없었지만, 집주인이 전세자금을 돌려주지 않을까봐 전전긍긍하며 힘든 시간을 보내야 했어요. 집주인은 저희 집 말고도 한 건물에 갭투자로 여러 채를 산 사람이었는데 전세금을 돌려주지 않아서 다른 집과 이미 큰 싸움이 붙은 상태였거든요. 하지만 저희는 다행히도 다음 세입자가 들어오면서 전세금을 무사히 돌려받을 수 있었어요.

■ **2016~2017년: 총자산 1억원**

저희 부부는 2016년 자금 1억원에 대출을 더해 동작구의 2억 5,000만원짜리 풀옵션 오피스텔에서 전세로 시작했습니다. 부족한 1억 5,000만원은 전세자금대출로 충당했어요. 한 달에 약 30만원 정도 이자를 상환하며 생활했습니다. 이때는 남편이 직장에 다닐 때라 제 월급으로 고정생활비와 변동생활비를 감당하고, 남편의 월급은 전액 전세자금대출 상환에 사용했습니다. 당시에는 부동산에 대한 생각조차 없었고 막연히 '돈을 모으면 집을 살 수 있겠지.' 하고 생각했어요. 2016년 말 남편이 퇴사했다가 2017년에 다른 곳에 취업하면서 다시 제 월급으로 생활하고 남편 월급은 전세자금대출을 갚는 데 모두 넣었습니다. 매달 원금을 갚아나가면서 이자가 줄어드는 재미에 살았어요. 2017년 겨울 전세 계약 만기가 다가오면서 새롭게 전셋집을 구할지, 계약을 연장해서 계속 살지 결정해야 했습니다. 집주인이 전세금을 올려달라고 했거든요. 왠지 모르게 약이 올랐습니다. 그러자고 열심히 돈 모은 게 아닌데…. 결국 집주인 좋은 일만 한다는 생각이 들어 계약을 연장하지 않겠다고 이야기했습니다. 그러고는 아파트 가격을 알아보았는데, 집값 오름폭이 저희가 같은 기간에 아등바등 열심히 모은 액수보다 훨씬 컸습니다. 결국 돈을 모아서 집을 사기는 거의 힘들다는 결론을 내리고, 저희 부부는 집을 구매하기로 결정했습니다.

■ 2018년: 총자산 1억 5,000만원

2018년에는 자산 1억 5,000만원과 각종 대출들을 활용하여 집 구매 및 인테리어를 포함해 신혼 초에 사지 않았던 가전, 가구 구입을 완료했습니다. 집을 알아보기 위해 저희가 가진 예산과 빌릴 수 있는 돈을 계산해서 서울 근방의 아파트들을 조사하고 직접 부동산 중개업소를 찾아갔습니다. 그 당시는 부동산에 불이 붙어서 집주인들이 매물을 모두 거둬들이는 시기였어요. 게다가 서울은 집값의 40%까지만 대출이 나와서 저희가 가진 예산으로 갈 수 있는 아파트가 매우 제한적이었습니다. 시간은 자꾸 가는데 적당한 매물을 찾을 수 없어서 서울과 가까운 경기도로 눈을 돌렸죠. 대출이 60%까지 나오는 지역에서 가장 가성비가 좋은 아파트를 선택했습니다.

■ 10년 넘은 오래된 집 매수, 큰맘 먹고 올수리

저희가 구매한 집은 준공한 지 10년이 넘은 꽤 오래된 집이었어요. 그래서 큰맘 먹고 올수리를 하기로 결정했습니다. 인테리어 단가는 평당 100만원 정도였고, 폴딩도어까지 포함된 금액이라 적절한 가격이라고 생각했어요. 저희 부부는 인테리어 업체를 선정하기 전에 수차례 회의를 했습니다.

- **원하는 스타일**: 모던하고 차분한 스타일
- **블로그 서치**: 리모델링 업체들의 블로그를 보면서 우리 집과 구조가 같은 곳을 찾고, 원하는 인테리어를 한 블로그 주소를 갈무리
- **업체 선정**: 5군데 정도 골라서 견적 받음. 업체마다 추천하는 스타일 및 가격이 천차만별이어서 견적서를 꼼꼼히 비교하여 선정
- **공사 진행**: 공사하는 동안 밤에 찾아가서 계약서대로 진행되고 있는지 확인

이렇게 공사를 진행한 결과 저희 집은 이렇게 예쁘게 바뀌었습니다!

인테리어 업체 선정 후 공사에 들어가기 전에 가구 배치를 어떻게 할지 미리 정해놓는 게 좋아요. 그래야 가구 배치와 동선에 맞게 전기 배선을 설치할 수 있거든요. 저희 부부는 이 부분을 놓쳐서 아쉽게도 전기 콘센트가 조금 불편한 위치에 들어가게 되었어요.

■ 아파트 매매가 우리 부부에게 준 기회

집을 매매하고 부동산을 공부하면서 남편의 새벽 출근과 새벽 퇴근을 끝낼 새로운 직장을 찾기 위해 저희 부부는 큰 결심을 하고 남편의 퇴사를 결정했습니다. 일단 전세가 아닌 자가라서 더는 이사를 하지 않아도 되었고 집값도 꾸준하게 오르고 있었기 때문에 그런 결정을 내릴 수 있었어요. 물론 쉬운 결정은 아니었습니다. 2016년에 받았던 전세자금대출보다 훨씬 큰 대출금을 갚아 나가야 했고, 양가 부모님께 용돈도 그대로 드려야 했기 때문에 자연스럽게 절약할 수밖에 없었어요. 쉽지 않았지만 즐겁게 절약생활을 이어나간 결과, 2018년 대출을 받은 이래 지금까지 단 한 번도 대출이자와 원금을 밀린 적 없이 성실하게 상환하고 있습니다.

이사온 지 2년이 채 되지 않은 2019년에도 아파트 가격은 계속 상승했습니다. 저희가 집을 사기 전과 마찬가지로 돈을 모으는 속도보다 집값이 오르는 속도가 더 빨랐죠. 현재 실거주 중이다 보니 집값이 얼마나 올랐든 사실상 사이버머니나 다름없습니다. 크게 보면 큰돈이고 부동산 시장 전체에서 보면 아주 작은 돈이지만, 저희 부부는 2018년에 집을 구매하기로 한 결정이 정말 저희 인생에 큰 전환점이 되었다고 생각합니다. 결과적으로 이 집이 아직 준비 중인 남편 대신 저와 함께 맞벌이를 해주는 셈이에요. 힘들게 새벽 출근, 새벽 퇴근하던 남편에게 시간을 선물할 수 있도록 도와준 것 같아 이 집에 감사한 마음이 듭니다.

■ 대출을 너무 두려워하지 말자! 결혼생활의 시작을 내 집 마련과 함께

처음 전셋집에서 마음고생을 했기에 내 집이 있다는 것이 얼마나 행복한 것인지를 알게 되었어요. 주거 안정성이 보장되고, 내가 원하는 대로 직접 인테리어를 할 수 있다는 사실에 엄청난 행복감을 느꼈습니다. 게다가 이 집을 마련한 덕택에 남편이 제2의 직장을 찾을 때까지 과감하게 외벌이를 선택할 수 있었어요. 내 집 마련이 저희 부부에게 새로운 삶을 여는 첫 디딤돌이 되어준 셈이죠. 저희가 이 집을 사고 난 후 호가가 8,000만원에서 1억원 가까이로 올랐어요. 과감하게 대출을 선택하지 않았더라면 아마 내 집 마련은 불가능했을 거예요. 전세로 시작하는 신혼부부들에게 여력이 된다면 꼭 첫 시작을 매매로 하라고 권하고 싶어요.

집을 알아보다 보니 부동산에 대해 많이 공부하게 되었고 자연스럽게 재테크에도 관심을 쏟을 수 있었어요. 인생은 실전이라는 말처럼 일단 등기를 한번 쳐봐야 부동산의 참맛을 느낄 수 있어요. 현재도 대출금은 많이 남아 있는 상태지만 앞으로 더 나은 미래가 기다린다는 생각에 하루하루 아끼며 즐겁게 살고 있습니다. 앞으로 월재연을 통해 더 배우고 성장해서 이 집을 은행과의 공동소유에서 저희 부부만의 집으로 만들고 싶어요!

대출금을 갚기 위한 실천
집밥으로 식비 절약!

가계 지출에서 중요한 것은 고정적으로 지출하는 고정비뿐만 아니라 생활비 등의 변동비를 최소화해야 한다는 거예요. 변동비를 절약할 수 있는 가장 좋은 방법은 식비를 절약하는 것인데요, 저희 부부가 식비를 줄이는 가장 큰 무기는 '집밥'입니다. 맞벌이하는 분들은 퇴근하고 집에 오면 피곤하기도 하고 밥하기 귀찮은 날도 많잖아요? 저희 부부도 외벌이지만 맞벌이 못지않게 바쁜 편인데, 약간의 준비만 하면 집밥 먹기 어렵지 않아요!

■ 집밥 준비 1 끼니 파악

각 가정에서 하루에 식사를 몇 끼 하는지 파악하고, 먹는 스타일에 따라서 어떻게 준비할지 정합니다. 저희 부부는 집에서 아침과 저녁에 식사를 하는데 아침엔 각자 먹고 싶은 것(남편은 밥, 저는 빵)으로 먹고 저녁은 같이 먹고 싶은 것으로 먹습니다. 그리고 신랑은 점심으로 바나나만 싸가기 때문에 바나나를 반드시 구입해요. 빵 같은 경우는 요기요 디저트 할인 행사를 이용해서 저렴하게 구입합니다.

■ 집밥 준비 2 필수 구매품 가격 조사

같은 물건도 어디에서 구매하느냐에 따라 가격이 천차만별입니다. 저는 제가 구매하는 곳의 가격을 조사해서 품목별로 구매합니다. 킴스클럽, 24시간 식자재마트, 집 앞 재래시장이 걸어서 접근 가능한 곳이라 이 3곳의 가격을 비교하는데요, 자주 가는 곳 위주로 조사하면 됩니다. 인터넷 마트는 무료배송일 때 주로 구매하고, 할인쿠폰이 나올 때까지 기다렸다가 구매합니다.

■ 집밥 준비 3 주말을 이용해서 장본 것 소분하기

주말에 하루 날 잡아서 대략 2주 분량의 음식을 준비하고, 그때그때 먹기 좋게 소분해 두면 편리합니다.

① 찌개용 고기와 삼겹살

저희 집은 메인 요리를 한두 번에 나눠서 다 먹고 치우는 스타일이에요. 여기에 맞춰서 찌개용 고기와 삼겹살은 200g 씩 소분하고, 삼겹살은 비게

를 제외하고 반씩 소분해서 냉동합니다. 찌개용 고기는 출근 전 냉장실에 넣어 뒀다가 퇴근해서 김치만 후다닥 썰어 넣으면 돼서 편리해요.

②불고기용 앞다리 살

불고기용 앞다리 살을 800g 구매해서 400g씩 나눠 제육양념과 간장양념 두 가지로 재워둡니다. 그런 다음 200g씩 총 4개로 소분합니다. 200g이면 다소 적은 것 같지만, 저희 부부 스타일대로 한 번에 먹고 치우기도 좋고 버섯이나 각종 야채를 듬뿍 넣어 양을 늘리면 돼서 이 정도 양이 딱 좋은 것 같아요. 전에는 6개씩 만들어 두기도 했는데 냉동실에 너무 오래 두니 맛이 떨어지더라고요. 이렇게 만들어 뒀다가 출근하기 전에 냉장실에 넣어 해동하고 퇴근 후 채소만 얼른 손질해서 넣으면 외식 유혹을 물리치는 집밥 완성!

③ 베이글

마트에서 12개들이 베이글 한 봉을 구매해서 지퍼백에 소분해 둡니다. 반 잘라서 가운데에 종이호일을 넣고 냉동하면 해동한 뒤 한층 편하게 드실 수 있어요.

■ 집밥 준비 4 이틀에 한 번씩 저녁 미리 준비해 두기

아래 식단표는 저희 부부의 평일 식단표 중 하나입니다.

꼬빙꼬빙 부부의 평일 식단

월요일: 김치찜, 김, 나물, 꼬마돈가스
화요일: 비빔밥
수요일: 찜닭, 계란말이
목요일: 제육볶음
금요일: 김치찌개

만약 이렇게 식단을 짰다면 일요일 저녁에 김치찜을 미리 해뒀다가 월요일과 수요일 이틀에 나눠서 먹고, 화요일에는 별다른 조리 과정 없이 먹을 수 있는 메뉴를 넣으면 좋아요(비비거나 간단하게 굽기만 하는 것들 위주). 그리고 화요일에 간단히 저녁을 먹었으면 수요일 저녁을 미리 해둡니다. 그리고 목요일에는 굽기만 하면 되는 메뉴로 넣어 두고, 금요일 메뉴를 미리 준비해 두면 조금씩 나눠서 요리할 수 있어서 힘이 덜 들어요. 맞벌이 가정에서는 지쳐서 밥을 해 먹기 어려운 경우가 많은데, 볶기만 하면 되는 제육볶음과 간장불고기를 소분해서 냉동실에 넣어두면 간단하게 밥을 차릴 수 있습니다.

집밥이 쉬우면서도 참 실천하기 어려운 것 같아요. 결혼한 뒤로는 저도 남이 해준 밥이 최고로 맛있더라고요! 하지만 계획을 세우고 하루하루 실천하면 큰 돌발 상황 없이 집밥을 즐기실 수 있습니다. 장볼 때 그 주에 뭘 먹을지, 언제 먹을지를 먼저 생각하면 한층 수월하게 장을 볼 수 있으실 거예요.

대출금도 빨리 갚고 알뜰하게 살림하기 위해 시작한 집밥 먹기가 식비 절약은 물론 건강까지 챙겨주는 든든한 습관이 되었습니다. 여러분도 모두 집밥 먹기 파이팅입니다!

꼬빙꼬빙 부부의 식탁

소비대마왕
대학 새내기가
월세 받는
집주인이 되기까지

ID 밍키언냐

| 좌우명은 선지출 후지출, | 20대에 모은 종잣돈 | 이제는 20억 건물주를 |
| 취미는 적금 들기 | 1억 7,000만원 | 꿈꾸는 재테크 고수 |

스타벅스와 명품을 좇던 대학생, 카드값에 큰코다치다

때는 2008년, 대학 새내기였던 저는 학교 앞 스타벅스에 가보고 눈이 번쩍 뜨였어요. 정말 너무나 맛있었거든요! 대학교 입학 전까지 커피는 입에도 대본 적 없던 제가 고급진 스타벅스에 눈을 뜨니 헤어나올 수가 없었어요. 휘핑 올린 아이스모카를 벤티사이즈로 하루에 3잔씩 마셨지요. 그때 당시 제 기억에 벤티사이즈 커피가 처음 나온 시기였고, 한 잔에 5,500원이었던 걸로 기억해요. 그러니 한 달에 커피값만 얼마였을까요? 5,500원×3×26일=429,000원, 커피값만 43만원이라니!

거기에 제가 커피만 마셨느냐 하면 그것도 아니에요. 원래 브랜드, 명품에는 관심도 없던 제가 학교 친구들의 옷자랑, 가방 자랑에 눈이 한 번 더 뒤집혔어요. 그때의 저는 뭐든지 남보다 뛰어나야 직성이 풀리던 때라 그 주에 혼자 백화점 쇼핑에 나섰죠. 곧 여름이 다가오니 명품 선글라스도 사고, 명품 가방도 몇 개 사고, 명품 신발도 하나 사고…. 백화점 판매원 입장에선 제가 얼마나 호구 같았을까요? 지금 생각해 보면 그 당시 제가 얼마나 철이 없었는지 놀라울 정도예요. 뒷감당은 전혀 신경 쓰지 않았으니까요. 이렇게 쇼핑한 것도 모자라 친구들과 밥을 먹거나 커피를 마시면 편의상 제 신용카드로 계산하고 현금으로 받았어요. 일명 카드깡이라고 하죠? 친구들이 분명히 현금을 주었는데 어느새 다 사라지고 저에게 남은 건 엄청난 카드값뿐이었어요.

밍키언냐의 대학 새내기 시절 카드값 명세서

제가 쓴 카드값이 보이시나요? 일반 직장인의 카드값이라고 하기에도 많은 이 명세서가 땡전 한 푼도 벌지 않았던 제 대학시절 카드 명세서입니다. 어느 날 엄마가 저를 부르시더니 이 3개월치 카드명세서를 보여주시며 "네가 쓴 돈이니 네가 갚아야겠지? 얼마씩 갚을 수 있어? 이거 못 갚으면 신용불량자가 되는 거야."라고 말씀하셨어요. 정말 청천벽력 같았죠. 당장 그다음 주부터 아르바이트를 시작해서 매달매달 갚아나갔어요. 모두 갚는 데 무려 1년 가까이 걸렸습니다. 나중에 알고 보니 일단 엄마가 카드값을 내시고 저한테 받아 가신 거더라고요. 이대로 두면 딸이 정말 큰일 나겠다 싶었던 엄마가 엄포를 놓으신 거였어요. 엄마의 엄포는 신의 한 수였고 저는 그이후로 스타벅스와 명품족의 삶을 버리게 되었어요. 이렇게 경제관

넘이 꽝이었던 저는 대학 새내기 시절 6개월간의 질풍노도 시기와 약 1년간의 고생을 겪고 변하게 되었습니다.

월재연 재테크 고수
밍키언냐로 변신하기까지

철없던 새내기 시절을 보내고 이제부터 밍키언냐의 모습으로 바뀌게 된 얘기를 해볼게요. 경제관념 0점 새내기에서 경제개념녀로 변태하기 위해서는 저의 최대의 적! 신용카드부터 잘라버려야 했습니다. 신용카드가 누구에게나 나쁜 건 아니에요. 다만, 스무 살 때의 저처럼 소비습관이 아직 자리 잡지 않은 사람은 신용카드를 쓰기 전에 소비와 절제의 습관부터 기를 필요가 있는 것 같아요. 그래서 저는 신용카드를 자르고 현금만 쓰는 연습부터 한 뒤 그다음에 체크카드로 소비하는 연습을 했고, 마지막으로 신용카드의 좋은 혜택만 골라 쓰는 연습을 통해 지금에 이르게 됐어요.

그렇다고 신용카드를 아예 안 쓸 수는 없잖아요? 그렇다면 어떻게 써야 현명할까요?

■ 카드 한도 낮추기
카드 발급 목적과 실적에 맞춰 한도를 낮추면 그 이상의 충동구매를 막을 수 있어요. 한도를 높이려면 카드사에 전화하거나 홈페이지에 접속해 한도를 풀어달라고 요구해야 하는 번거로움이 있어서 꼭 필요한 것을 제외하고는 안 사게 됩니다. 정말 단순하지만 아직 소비 절제가 잘 안 되는 분들께는 은근히 효과 있는 방법이에요.

■ 할부는 NO!

150만원짜리 안마의자를 산다고 했을 때, 체크카드나 현금으로 사려면 부담스럽지만 6개월이나 12개월에 나눠서 상환한다고 하면 괜찮다는 생각이 들잖아요? 할부로 사면 편리하지만 이 편리함에 빠져 매달 상환해야 하는 금액이 늘어나 저축을 방해합니다. 따라서 신용카드 할부 구매는 지양하는 것이 좋습니다.

■ 체크카드, 신용카드에 혜택 메모하기

우리나라 신용카드 종류가 2만여 개가 넘고 1인당 카드 보유 개수가 4장 이상이라고 해요. 이렇게 많은 신용카드를 잘 활용하려면 내가 보유한 신용카드에 대해 속속들이 알고 있어야 해요. 하지만 쉽지 않죠? 저부터도 카드를 발급받고 나면 혜택을 곧 까먹더라고요. 그래서 메

신용카드 활용 팁! 용도와 혜택 메모해두기

모를 해두기 시작했어요. 카드 혜택에 따라 쓰임새를 달리 하고, 그 것도 메모해서 카드에 이름을 붙여 두었습니다.

■ 신용카드 혜택, 누릴 건 누리고 제때 해지하기

요즘 금융사에서 이벤트 많이 하잖아요? 나에게 도움이 되는 할 인이나 이벤트가 있다면 발급 받아 혜택을 누리다가 혜택이 사라지 면 바로 해지합니다. 그래야 연회비도 아낄 수 있고 카드값에서 헤 어나오기 쉽답니다. 신용카드는 누군가에겐 약이 될 수 있지만 누 군가에겐 독이 될 수도 있는 것 같아요. 소비습관이 잘 확립된 분이 라면 신용카드 사용을 통제할 수 있겠지만 아닌 분들은 정말 금물 입니다.

20대에 종잣돈 1억 7,000만원 모은
밍키언냐의 재테크 비법 10가지

충격적인 소비와 카드값 메꾸기로 아르바이트와 과외에 허덕이 며 보냈던 스무 살 때를 제외하고, 서른한 살이 된 지금까지 저는 비 법 아닌 비법 10가지를 꾸준히 실천하며 재테크를 하고 있습니다. 기초적인 내용이지만, 제 또래의 많은 분들에게 조금이나마 도움이 되었으면 좋겠습니다.

① 부지런하고 바쁘게 살기. 그러나 모든 일은 최대한 열심히!

워낙 바쁘게 움직이는 걸 좋아하는 성격이라 저는 스무 살 때부터 지금까지 투잡을 하고 있어요. 대학교 4년 동안은 과외 외에도 학교 내에 있는 매점에서 아르바이트를 했어요. 대학원 때는 조교와 직장생활을 병행하며 과외도 하고 주말에는 커피숍 아르바이트까지… 정말 바쁘게 살았어요. 하지만 바쁘다고 뭐 하나 대강대강 하지 않았어요! 최대한 꼼꼼히 그리고 열심히 했던 것 같아요. 그래서 일에서도 인정 받을 수 있었지요. 대학교 졸업 후 직장에 들어갔는데, 월급이 가히 충격적이었어요. 저희 세대를 흔히 88만원 세대라고 하잖아요? 정말 제 월급이 각종 세금을 제외하고 85만원이더라고요. 그래서 대학교 때부터 해오던 과외 같은 아르바이트를 그만둘 수가 없었어요. 2014년에는 대학원을 졸업한 후 직장과 헬스장 야간 인포데스크 아르바이트를 병행했어요. 직장에 8시까지 출근해서 5시에 퇴근한 후 헬스장에 가서 6시부터 새벽 2시까지 아르바이트를 했죠. 다행히 헬스장이 집 근처에 있어서 끝나자마자 집에 가서 자고 다시 출근하기를 반복했어요. 이 생활을 2년 반이나 했답니다. 이때가 인생에서 가장 몸이 고되고 힘든 시간이었어요. 그러다 스물일곱 살 때 현재의 남편을 만나 결혼을 생각하게 되면서 헬스장 일을 그만두고 직장에 전념하게 되었습니다.

② 수입은 무조건 선저축! 40%에서 70%로, 70%에서 90%까지 끌어올린 저축률!

저는 수입의 90%는 무조건 저축했어요. 쓰고 남은 돈을 저축하면 아무래도 많이 쓰게 되어서 저축할 돈이 별로 남지 않더라고요. 그래서 수입의 90%가 무조건 빠져나가게 적금을 들었어요. 처음부터 90%를 저축한 건 아니에요. 수입의 40% 저축부터 시작해서 꾸준히 선저축 습관을 길들이면서 70%까지 끌어올리는 데 1년이 걸렸고, 그 이후부터는 경조사가 특별히 많은 몇 달 빼고는 저축률 90%를 거의 유지하고 있어요.

③ 소비 금액을 정하고 그 안에서만 지출하기

대학생 때는 수입의 10~15%를 체크카드에 넣어 두고 그 금액 안에서 한 달을 버텼어요. 과외와 레스토랑 아르바이트로 60만원 정도 벌었으니까 50만원을 저축하고 약 10만원으로 한 달을 버틴 거죠. 이렇게 극단적인 저축률 달성에는 부모님의 도움이 컸어요. 용돈은 따로 받지 않았지만 교통비 3만원과 통신비 3만원은 계속 지원해 주셨거든요. 당연히 학비는 제가 해결했고요. 이렇게 대학생 때부터 습관이 된 선저축 후지출 습관을 결혼 4년차인 지금까지도 유지 중이에요.

④ 가계부는 꼭 쓰기

대학생 때부터 가계부는 꼭 쓰고 있는데, 저도 귀차니즘이 심한 편이라 매주 또는 매월 말에 몰아서 쓸 때도 있어요. 그래도 빼먹지 않고 쓰면서 지출도 파악하고 반성도 하며 여러모로 자극을 받고 있어요. 가계부를 쓰는 것 자체에 목적을 두기보다는 나의 지출습관 분석 및 지출구멍을 찾는 데 목적을 둬야 한다고 생각해요. 가계부를 한 달 단위로 분석해 보면 특히 많이 쓴 카테고리가 보이는데, 그것이 바로 지출구멍이에요. 이런 지출구멍을 줄일 수 있는 방법을 찾아 고민하고 대안을 적용해 보는 것이 가계부 작성의 핵심입니다.

⑤ 물건을 사기 전에 50번 이상 사용할 자신이 있는지 생각하기

물욕 없는 사람은 없죠? 저도 마찬가지입니다. 사고 싶은 물건과 옷이 너무나 많은 저는 소비하기 전 한 가지를 꼭 체크합니다. '이 물건을 사서 50번 이상 사용할 것인가'를 생각하면 나에게 진짜 필요한 물건인지 판가름하는 데 도움이 되고, 정말 필요한 물건만 사게 되더라고요.

⑥ 밥과 커피는 최대한 집에서

먹는 것도 좋아하고 커피도 좋아하는 저이기에 이 항목은 정말 중

요했던 것 같아요. 친구들과 같이 먹을 때도 있지만 아닐 때는 집에서 간단한 주먹밥이나 유부초밥을 싸서 다녔고, 커피는 보온병에 담아 가지고 다녔어요. 지출을 가장 많이 줄일 수 있는 항목이 식비예요! 식비를 반만 줄여도 지출 줄이기에 성공할 수 있습니다. 결혼한 지금도 이 습관은 계속 유지하고 있어요. 외식은 한 달에 두세 번 정도만 하는데 주로 남편과 제가 좋아하는 무한리필 뷔페나 패밀리레스토랑에 가요.

⑦ 1년 자금 계획을 대충이라도 미리 세워보기

내년 일을 다 예측할 수는 없지만, 연말이면 내년의 자금 계획을 대강이라도 세워봤어요. 어찌 보면 아무것도 아닌 것 같지만, 저에게는 올해가 발전하는 한 해였는지 돌아보고 내년에는 부족한 점을 어떻게 보완해서 살지 고민하며 발전적인 삶을 살게 하는 과정이었던 것 같아요. 이렇게 미리 계획을 세워두면 돈을 더 효율적으로 지출할 수 있답니다.

⑧ 저축은 병렬식으로, 취미는 적금 들기

저의 취미는 적금 들기였어요. 첫 적금 만기 때의 짜릿함을 잊을 수 없었고 돈을 불리는 재미가 쏠쏠했거든요. 이렇게 취미로 든 적금이 종잣돈을 모으는 데 99%의 역할을 했습니다. 취미로 들었던 소액적금이 모이고 모여 대학교를 졸업할 때는 2,000만원, 대학원을 졸업할 때는 5,000만원이 되었어요. 그리고 이 5,000만원의 종잣돈을 4~5년 만에 3배로 불렸어요! 사실 예·적금만으로는 돈을 불리는 데 한계가 있어요. 하지만 적어도 종잣돈을 어느 정도 모을 때까지는 예·적금만 한 것이 없다고 자부합니다.

⑨ 남을 부러워하지 말고, 나 자신을 되돌아보고 노력하기

수많은 사람이 사는 세상에서 자기보다 여건이 좋거나 예쁘고 똑똑한 사람을 부러워하면 스스로 초라해지고 상처 받잖아요? 저는 그런 사람들을 보면 부러워하기보다 저의 부족한 점을 되돌아보며 자신을 채찍질했어요. 저희집 가훈이 '노력은 배반하지 않는다'이기도 했고요. 노력으로 안 되는 일이 있더라도 이 또한 이겨내야 하는 것이고, 후에 더 좋은 일이 생길 거라고 위로하며 극복했어요.

⑩ 나를 위한 보상 잊지 말기

이렇게 열심히 사는 저 자신에게 가끔 보상을 주기도 해요. BC카드 '만원의 행복'을 이용해서 80% 할인된 금액에 뮤지컬 티켓을 예매해서 문화생활을 하기도 하고, 회사에서 명절에 주는 상품권을 이용해 네일숍에서 네일 서비스를 받기도 해요. 또 2~3년에 한 번씩 가방을 사기도 하고요. 자기 자신에게 노력에 따른 보상을 하는 것은 참 중요한 것 같아요. 스스로 보상하며 더 열심히 살겠다는 다짐을 하게 되거든요.

종잣돈, 만들고 굴리고 점프업!

종잣돈, 열심히 저축해서 모았다면 열심히 굴려야겠죠? 저도 스물다섯 살까지 아끼고 저축하며 모은 5,000만원을 어떻게 굴려서 불려야 할지 고민이 컸어요.

■ 1단계: 재무설계하기

종잣돈을 만들고 굴리려면 나의 단기·중기·장기 재테크 목표는 무엇이고 앞으로 어떻게 할 것인지에 대해 계획을 세워야 합니다. 네이버에서 재무설계를 검색해 좀 더 자세히 알아볼까요?

2030세대 재무설계의 가장 큰 목적

NAVER 지식백과   재무설계

인생 주기별 재무 목표

인생 주기	주요 이슈	주요 재무 목표
사회 초년기(20대)	• 졸업 • 취직 • 결혼	• 결혼 자금 마련 • 독립 및 주거 자금 마련
가족 형성기(30대)	• 자녀 출산 및 육아 • 내 집 마련	• 자녀 양육 자금 • 주택 구입 자금 • 부채 상환(결혼, 주택 관련) • 자동차 구입
자녀 성장기(40대)	• 자녀 교육 • 재산 형성	• 자녀 교육비 • 주택 넓히기
가족 성숙기(50대)	• 자녀 결혼 • 은퇴 및 노후 대비 점검	• 자녀 대학 교육비 • 자녀 결혼 자금 마련 • 노후 준비
노후 생활기(60대 이후)	• 노후 생활 시작	• 은퇴 후 생활 시작 • 건강 유지 비용 및 병원 진료비

제가 재테크에 본격적으로 관심을 가진 시기이기도 한 20대 중반에는 졸업, 취직, 자동차 구입, 결혼 등 큰 이벤트가 많지요. 이러한 이벤트를 금전적으로 잘 준비해야겠죠? 혼자 재무설계를 한다는 것이 너무 막막하고 어려우면 전문가의 도움을 받아 보는 것도 좋을 것 같아요. 하지만 나에게 적합하지 않은 투자 상품을 필요 이상으로 권유한다거나 투자를 유도하는 재무설게사는 피하는 게 좋아요!

■ 2단계: 나의 성향 파악하기

돈을 굴리려면 나의 투자 성향을 먼저 파악해야겠죠? 투자 성향은 ① 절대안전추구형, ② 안정추구형, ③ 안전 & 수익추구형, ④ 수익추구형, ⑤ 절대수익추구형으로 크게 나뉘는데, 저는 안전추구형이에요. 그래서 수익률은 조금 낮지만 원금 보장이 되는 예·적금을 적극 활용했습니다. 월재연 카페의 재테크 5단계 테스트 게시판에서 테스트해 보시면 나의 투자 성향을 금방 알 수 있어요.

월재연의 재테크 진단 테스트

■ 3단계: 적금 풍차돌리기

돈 불리기의 정석 적금 풍차돌리기*, 다들 아시죠? 저는 일반적인 풍차돌리기처럼 똑같은 금액을 설정해서 12달로 나눠 넣지 않았어요. 대신 적금 들기가 취미여서 금리 높은 적금이 출시될 때마다 그때그때 가입하곤 했어요. 그러다 보니 3~4개월마다 만기된 적금+이자가 목돈이 되어 돌아왔습니다. 이 적금과 이자로는 또다시 큰 금액으로 적금을 들거나 예금을 들었고, 나머지는 CMA 계좌에 넣었습니다. 대학생활을 하며 열심히 모은 종잣돈 2,000만원이 이렇

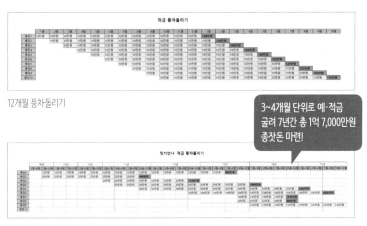

12개월 풍차돌리기

> 3~4개월 단위로 예·적금
> 굴려 7년간 총 1억 7,000만원
> 종잣돈 마련!

밍키언냐의 2008~2015년 적금 풍차돌리기

●   적금 풍차돌리기: 매달 일정 금액의 1년 만기 적금 통장을 12개월 동안 만들어 풍차처럼 돌리는 것으로, 금액과 기간은 자유롭게 정하면 된다.

게 풍차돌리기로 구르고 굴러 2년 만에 5,000만원이 되었고, 이것
이 3년 만에 다시 1억 7,000만원이 되었지요. 여기에는 물론 그동안
얻은 소득을 최대한 많이 저축한 것도 한몫했어요.

저는 파인(fine.fss.or.kr)이라는 사이트를 즐겨찾기 해놓고 시간이
날 때마다 금리 좋은 상품이 있는지 체크해요. 여기서는 보험상품
이나 카드포인트 등도 조회할 수 있어 편리해요. 지금도 이율이 거
의 4%에 육박하는 예금 2개와 적금 3개를 가지고 있답니다. 적금!
잘 몰라도 꾸준히, 끈기 있게 한다면 누구나 성공할 수 있는 재테크
방법입니다.

금융소비자정보포털 파인 사이트(http://fine.fss.or.kr/main/index.jsp)

■ 4단계: 자산 점프업을 위해 나에게 맞는 로드맵 알아보기

종잣돈을 어느 정도 모았다면 자산을 '점프업!' 하는 과정이 필요한 것 같아요. 혹시 72법칙을 아시나요? 72법칙은 원금이 두 배가 되기까지 걸리는 시간을 계산하는 법칙이에요.

72법칙이란?
원금이 두 배가 되기까지 걸리는 시간(연수) = 72 ÷ 수익률(%)

예를 들어, 100만원을 이자율 3%로 투자했을 때 원금 100만원이 2배인 200만원이 되는 데 걸리는 기간은 72 ÷ 3 = 24년입니다. 여기서 보듯 요즘은 시중은행의 금리가 너무 낮아서 은행에 돈을 넣어두는 것만으로는 자산을 점프업 하기가 너무 어려워요. 따라서 자산 점프업을 하려면 자신의 성향에 맞는 로드맵을 따라가야 해요. 안전추구형은 각종 은행의 특판이나 금리 높은 적금 등을 적극 활용하고, 안전 & 수익추구형은 은행 활용과 동시에 원금은 보장되지 않지만 비교적 안전한 부동산이나 채권 등을 활용하고, 수익추구형은 위의 두 가지와 더불어 고수익을 낼 수 있지만 리스크도 큰 펀드, 주식 등을 활용하면 됩니다.

저의 경우 10년 동안 세 번의 점프업이 있었어요. 첫 번째 점프업은 금리 높은 예·적금과 CMA 통장을 적극 활용해서 종잣돈 2,000만원을 1억 7,000만원으로 불린 과정이었어요.

다음 표에서 상단 박스가 스무 살이었던 2008년부터 2016년까지 든 적금이고, 하단 박스는 고민 끝에 해지한 적금입니다. 상단 박스의 적금 이자만 계산해 봐도 약 1,200만원이네요. 여기에 CMA 이자까지 더하면 조금 더 늘어나겠죠? 예·적금만 꾸준히 해도 종잣돈을 불릴 수 있습니다. 월재연에 예·적금만으로 재테크를 할 수 있느냐는 질문이 꽤 많은데, 저는 이 질문에 당연히 가능하다고 대답하고 싶어요. 물론 많은 돈을 불리기에는 한계가 있겠지만 예·적금은 가장 기본적인 재테크 방법입니다. 지금은 금리가 많이 낮지만잘 찾아보면 그래도 아직 금리가 높은 것들이 있어요.

이자만 1,200만원
예적금도 재테크 효자!

• 08년~17년 적금관리대장 •

순번	기간	은행&보험	금액	이자율	세후이자	납입원금	통해
1	08.10~13.9 (5년)	동양생명	15만원	2.7% 고정복리	436,580		
2	08.12~11.11 (3년)	신한은행	25만원	4.8%	602,730		
3	11.01~13.13(3년)	신한은행	33만원	4.5% 복리	728,753		
4	11.05~14.04 (3년납2년거치)	흥국생명	50만원	복리	1,204,249		
5	11.12~14.11 (3년)	하나은행	50만원	4.8%	1,154,901		
6	13.11~14.10 (1년)	스위스저축	130만원	4.55%	323,054		
7	13.12~14.11 (1년)	신협	50만원	4.5%	145,267		
8	14.03~17.02 (3년)	농협	130만원	4.89%	4,273,884		
9	12.10~15.09 (3년)	국민	100만원	3.75%	1,760,738		
10	16.12~	대신저축	130만원	3.7%			
11	16.12~	스마트저축	130만원	3.8%			
12	17.02~	고려저축	100만원	3.5%			
13	17.05~	아주저축	100만원	3.5%			
14	17.05	케이뱅크	30만원	3.5%			

해지한 적금

이렇게 마련한 종잣돈으로 토지와 오피스텔을 사고, 이후 서울에 집을 마련하는 등 부동산에 투자한 결과 두 번째 점프업에 성공했습니다. 서울에 집을 사면서 하단 박스의 적금을 해지하고 약 3,000만 원 정도 대출을 받았지만, 이 빚을 빚이 아니라 '빛'으로 생각하며 갚아나갔습니다. 결론은 투자를 통해 자산 점프업을 해야 한다는 것 그리고 본인에게 맞는 방법을 잘 찾아야 한다는 것입니다.

■ 아는 것이 힘이다! 금융지식 습득하기

저는 매일 쓰는 스마트폰에 네이버 경제M을 즐겨찾기 해두고 매일매일 새로운 정보가 뜨면 읽었어요. 아무것도 모르면서 돈이 불어나길 바라는 것은 도둑심보라고 생각하고, 이해하기 어려워도 새로운 정보를 꾸준히 찾아서 읽었어요.

아는 것이 힘이다!
네이버 경제M 강연·세미나 코너

네이버 경제M에는 세미나를 신청할 수 있는 코너도 있어요. 대부분 단기 강연이라도 저한테 필요한 세미나는 신청해서 참석합니다. 이외에도 문화센터나 재무회사에서 하는 재무세미나도 한 달에 두 번 정도는 듣습니다. 꽤 재미있어요! 그리고 월재연에서도 금융지식, 재테크 노하우 등을 쉽게 얻을 수 있어요. 월재연에는 재테크 고수님들의 노하우가 워낙 많다 보니 배울 것도 정말 많더라고요.

월재연을 통해 고수의 노하우를 배울 수 있다

저는 월재연 카페의 재테크 BEST 게시판을 즐겨찾기 해놓고 예전 글부터 최신 글까지 정독했어요. 그 안에서 세상 어디에서도 얻을 수 없는, 월재연에서만 얻을 수 있는 정보들을 습득했어요. 이처럼 다양한 곳에서 금융지식이나 재테크 노하우를 얻을 수 있지만 이것을 다 따라 하기는 현실적으로 어렵습니다. 자신이 처한 상황에서 할 수 있는 것들을 골라서 하는 게 좋은 것 같아요. 처음에는 뭐가 뭔지 몰라 혼란스러울 수도 있지만, 행동으로 자신이 할 수 있는 재테크 방법을 체득하다 보면 어느새 익숙해지게 될 거예요!

29살 새댁의 월세 잘 나오는 오피스텔 감별기

결혼하고 깨소금 냄새 폴폴 나는 신혼생활을 즐긴 뒤 남편과 저는 월세를 받기 위해 입지조건 좋은 오피스텔을 찾아다녔어요. 여러 지역을 조사하고 분석한 결과 남편과 저의 의견이 일치한 곳은 저희 직장이 있는 역삼동 일대였어요.

■ 1단계: 자본금 파악하기

저나 남편 둘 다 결혼 전부터 수입의 70% 이상 저축해 왔기에 신혼부부치고는 자본금 액수가 꽤 되었어요. 남편의 자본금은 1억원, 저의 자본금은 1억 7,000만원으로 총 2억 7,000만원의 자본금이 있었죠.

■ 2단계: 조건 채택하기

저희가 생각한 조건은 다음과 같았어요.

밍키언냐 부부의 오피스텔 구매 조건

- 강남역이나 역삼역 근처일 것
- 역세권일 것(역에서 500m 내외)
- 투자가치가 있을 것
- 주차가 편리하고 주차비가 저렴할 것
- 경비가 지키는 곳일 것
- 자본금 내에서 구매 가능한 곳일 것

■ 3단계: 조건에 맞는 집 조사하기

집을 조사하며 조건에 맞는 곳을 추려보니, 30여 개 매물 중 5개로 범위를 좁힐 수 있었어요.

① **강남역 P 오피스텔**(19평, 매매가 3억대 중반)

- 장점: 분당선 및 강남역과 인접(450m), 2015년 입주로 깨끗, 향후 월세 고수익 가능
- 단점: 방이 없는 원룸형, 예산보다 높은 매매가

② **강남역 H 오피스텔**(복층 18평, 매매가 3억대 초반)

- 장점: 강남역과 매우 인접(200m), 2013년 입주로 깨끗
- 단점: 방이 없는 원룸형, 예산보다 높은 매매가

③ **강남역 M 오피스텔**(복층 17평, 매매가 3억)

- 장점: 강남역과 가장 인접(90m), 복층형
- 단점: 장점이자 단점이 될 수 있는 복층형 구조, 세대당 주차 0.2대, 연식이 오래됨

④ **역삼역 L 오피스텔**(21평, 매매가 2억대 초반)

- 장점: 역삼역과 인접(270m), 세대수가 많아 관리비 저렴, 1.5룸형, 매매가 저렴
- 단점: 강남역보다 투자가치가 떨어짐, 세대당 주차 0.29대

⑤ **역삼역 E 오피스텔**(23평, 매매가 3억)

- 장점: 역삼역과 인접(330m), 2011년 입주로 깨끗, 방이 나뉘어 있음, 주차 문제없음
- 단점: 세대수가 적어 관리비가 비쌈

■ 4단계: 현장 조사하기

인터넷으로 알아보고 추린 매물 5개를 직접 보러 갔어요. 역시 현장 조사를 나가니 생각이 많이 바뀌더라고요. 살기 좋으면서 투자 수익도 좋은 곳을 두 군데로 추릴 수 있었어요. 저희가 마지막 후보로 고른 두 곳은 ③ 강남역 M 오피스텔(복층 17평, 매매가 3억)과 ④ 역삼역 L 오피스텔(21평, 매매가 2억대 초반)이었어요.

강남역 M 오피스텔은 강남역과 거리가 90m로 입지는 정말 좋았지만 복층형이어서 관리비가 30만원 정도였고, 200세대에 엘리베이터가 2대밖에 없어서 오래 기다려야 했어요. 주차장은 주차타워 형식으로 출퇴근 시간에 매우 혼잡하고 소요 시간도 길었죠. 게다가 주차비가 월 4만원이었어요.

구릉지에 위치한 역삼역 L 오피스텔은 강남역 M 오피스텔보다 입지는 안 좋았지만 좋은 점들이 눈에 띄었어요. 일단 관리비가 15만원대였고 인터넷에서 알아본 세대당 주차수는 0.29대였지만 실제로는 0.85대 정도였어요. 주차비도 무료였습니다. 그리고 엘리베이터가 4대라서 편리했고 세대가 많아서 그런지 건물 내에 세탁소와 헬스장, 편의점, 커피전문점, 분식점 등이 입점해 있었어요.

강남역 M 오피스텔 복층 17평, 3억	VS	역삼역 L 오피스텔 21평, 2억 초반
• 투자가치 GOOD! • 강남역 초근접 입지 최강 GOOD! • 관리비 30만원 BAD • 주차비 매월 4만원 BAD • 엘리베이터 2대 BAD		• 건물 내 다양한 편의시설 GOOD! • 주차비 무료 GOOD! • 관리비 15만원 GOOD! • 엘리베이터 4대 GOOD! • 구릉지에 위치, 입지 BAD

■ 5단계: 결정의 시간

투자가치로 보면 강남역 M 오피스텔이 더 좋았지만 세입자 입장에서 살기 좋은 곳은 역삼역 L 오피스텔이었어요. 게다가 역삼역 L 오피스텔은 강남역과도 557m로 그리 멀지 않았고요. 고민하던 저희는 결국 역삼역 L 오피스텔로 결정했고, 이곳에서 신혼생활을 보낸 뒤 현재는 매달 85만원의 월세를 받고 있습니다.

월급 외 수입 500만원 달성, 20억 만들기 도전 중

앞에서 말했듯 선저축 후지출을 바탕으로 한 예·적금으로 첫 번째 점프업, 부동산 투자로 두 번째 점프업을 했고, 결혼 4년차인 지금 세 번째 점프업을 경험하는 중입니다. 지금까지 자산 점프업을 경험하며 노하우를 습득했고 저에게 잘 맞는 방법인 예·적금과 부동산 투자는 여전히 관심을 두고 실행 중이에요. 그리고 큰 목돈이 들어가는 부동산 투자를 보완하기 위해 3,000만원 미만 소액 또는 중액으로 할 수 있는 투자처에 분산투자하며 자산관리를 하고 있습니다.

재테크의 시작이 절약이라면 기본은 예·적금, 즉 저축이고 투자는 필수입니다. 저의 재테크 성향은 안전추구형이고 남편은 절대안전추구형이다 보니, 저희 부부는 투자는 하고 싶지만 원금은 잃고 싶지 않은 욕심쟁이죠. 그동안 공부도 하고 직접 실행도 해보며 저에게 맞는 방법으로 투자하면 위험하지 않다는 것을 몸소 느낄 수 있었어요. 이렇게 직접 체득한 것들을 바탕으로 저에게 맞는 투자 로드맵을 만들고 이에 따라 주식, 환테크, 금테크 등을 하며 월급 외 수익을 올리고 있습니다. 약 3년 전 처음 발생한 월급 외 수입 5만원에서 현재는 500만원까지 달성했습니다. 이렇게 다양한 투자를 통한 3번째 자산 점프업을 거쳐 저는 '20억 만들기'라는 새로운 목표를 세우고 앞으로 나아가고 있습니다.

2030 재테커들에게 전하는 말

"가난하게 태어난 것은 내 잘못이 아니지만 죽을 때도 가난한 것은 내 잘못이다."

— 빌 게이츠

제가 참 좋아하는 명언이에요. 집안 형편이 어려워져서 다른 친구들처럼 하고 싶은 걸 못 했을 때 저는 세상을 정말 많이 원망했어요. 그러면 안 되지만 부모님 원망도 많이 했고요. 하지만 세상을 원망하는 제 삐뚤어진 마음은 직장생활에서 상사와의 관계를 좋지 않게 만들었고, 원망하면 할수록 아픈 건 저였어요.

원망보다는 제가 할 수 있는 것들부터 노력해 보자는 생각과 함께 긍정적인 마음을 가지려고 노력했죠. 그 후부터 마음이 편해졌고 경제적 상황도 점점 좋아졌어요. 이 세상은 정말 살기 녹록지 않아요. 인생을 즐기는 데 조금 더 가치를 두고 있는 제 또래 2030들이 받는 월급은 즐기기에도 충분하지 않고요. 이렇게 적은 월급으로 결혼하고 집을 사고 아기를 키우고 하기에는 힘들다는 걸 저도 잘 알아요. 하지만 저처럼 특별한 것 하나 없는, 놀기 좋아하는 철없는 여자도 재테크로 어느 정도 성과를 내고 있으니, 희망을 가지고 할 수 있는 것부터 차근차근 노력하셨으면 좋겠어요.

재테크에서 실패보다 나쁜 것이 포기라고 생각해요. 실패를 통해 교훈을 얻고 포기하지 않는다면 분명히 지금보다는 더 경제적인 여유도 생기고 생활도 밝아질 거라고 생각해요. 용기와 힘을 얻고 싶다면 월재연에 오셔서 고민도 나누고 나와 비슷한 상황에서 다른 사람들이 어떻게 하고 있는지도 참고해 보세요. 살기 어려운 세상이라도 결코 포기하지 맙시다! 2030 재테커 파이팅!

열심히 돌리면 목돈이 내 눈앞에! ────
12개 적금 풍차돌리기

인내와 노력의 결실을 제대로 맛볼 수 있는 적금 풍차돌리기! 적금 풍차돌리기는 매월 적금통장을 1개씩 만들어 1년에 총 12개의 적금을 풍차처럼 돌려 목돈을 만드는 재테크 방법이에요. 예를 들어, 매월 만기 1년 10만원(이자 제외)짜리 적금을 만들면 1년간 적금통장 12개를 만들 수 있고, 다음 해 1월에 첫 번째 적금통장이 만기가 됩니다. 그리고 그 후 풍차가 돌아가듯 두 번째, 세 번째 적금 만기가 돌아오죠. 이런 식으로 적금 풍차돌리기에 성공하면 목돈 만들기 성공!

만기 1년 10만원짜리 적금으로 풍차돌리기를 하면 얼마나 저축할 수 있을까요? 1년 적금 풍차돌리기에서는 1월 10만원, 2월 20만원, 3월 30만원…, 12월 120만원을 저축하게 됩니다. 즉 1년에 총 780만원을 저축할 수 있고, 한 달 평균으로 계산하면 65만원을 저축하는 셈이죠.

1단계 적금 풍차돌리기(가입)

구분	1월	2월	3월	4월	5월	6월	7월	8월	9월	10월	11월	12월
적금 1	가입											→
적금 2		가입										→
적금 3			가입									→
적금 4				가입								→
적금 5					가입							→
적금 6						가입						→
적금 7							가입					→
적금 8								가입				→
적금 9									가입			→
적금 10										가입		→
적금 11											가입	→
적금 12												가입 →
적금통장 개수	1	2	3	4	5	6	7	8	9	10	11	12

1단계 적금 풍차돌리기(결과) (단위: 만원)

구분	1월	2월	3월	4월	5월	6월	7월	8월	9월	10월	11월	12월
적금 1	10	10	10	10	10	10	10	10	10	10	10	10
적금 2		10	10	10	10	10	10	10	10	10	10	10
적금 3			10	10	10	10	10	10	10	10	10	10
적금 4				10	10	10	10	10	10	10	10	10
적금 5					10	10	10	10	10	10	10	10
적금 6						10	10	10	10	10	10	10
적금 7							10	10	10	10	10	10
적금 8								10	10	10	10	10
적금 9									10	10	10	10
적금 10										10	10	10
적금 11											10	10
적금 12												10
합계 (이자 제외)	10	20	30	40	50	60	70	80	90	100	110	120

매달 적금에 가입해야 하고 납입 금액이 늘어나 1년 동안 신경을 많이 써야 하지만, 1년 적금 풍차돌리기에 성공하면 매달 돌아오는 적금 만기와 늘어나는 목돈에 고생보다 더 큰 기쁨을 느낄 수 있습니다. 목돈 마련의 시작, 적금 풍차돌리기로 시작해 보는 건 어떨까요?

긍정이 체질!
경기도 월세에서
인서울 신축 아파트
입성!

ID 너구리팬더

□ ·············
취업 9년 만에 순자산
7억 8,000만원 달성

□ ·············
재개발 부동산 투자로
수익 실현

□ ·············
재테크에서 즐거움을 찾는
신바람 재테크

남들보다 늦었지만 그만큼 더 열심히 재테크한
늦깎이 재테커 이야기

저는 공부하느라 취직이 늦어 90년대생들과 함께 일하고 있는 80년대생입니다. 남들보다 오래 공부했지만 가시적 성과를 내지는 못했습니다. 결국 하던 공부를 포기하고 서른 살이 되어서야 인생에서 처음 제힘으로 돈을 벌 수 있었어요. 8년여의 회사생활을 한 지금 저는 30대 후반이 되었습니다. 얼마 전 침대에 누워 가만히 생각하니 서른부터 서른일곱까지 길면 길고 짧다면 짧은 시간 동안 꽤 열심히 살았다는 생각이 들더군요. 요즘은 취업하기가 쉽지 않아 저처럼 늦게 사회에 뛰어드는 분들이 많을 텐데, 90년생으로 대표되는 20대 후반부터 30대 초반의 청년들에게 30대 초반부터의 제 이야기가 작은 도움이 되었으면 하는 바람입니다.

2012~2013년: 취업 그리고 결혼 준비
결혼 전 순자산 0원 → 8,000만원

서른 살의 고시생이었던 저는 운 좋게도 고시생활을 청산한 뒤 곧 취업에 성공했습니다. 그리고 10년간 알고 지낸, 웃는 얼굴이 예쁜 여자친구와 사귀게 되었죠. 주중에는 야근을 자처하며 회사 식대로 밥을 먹고, 대학교 근처에서 살며 학생회관에서 끼니를 해결하기도 하면서 2년간 종잣돈 8,000만원을 마련했습니다. 동갑인 여자친구도 최대한 빨리 종잣돈을 마련하려는 제 입장을 이해해준 덕분에 큰 다툼이나 갈등 없이 결혼을 목표로 나아갈 수 있었습니다. 한마음으로 결혼 준비를 하며 대출을 더해서 전셋집을 구해야 하나 고민하다가 경기도에서 월세로 신혼생활을 시작했습니다.

2014~2015년 상반기: 결혼과 내 집 마련
결혼 후 순자산 1억 1,000만원 → 2억원

경기도에 마련한 신혼집은 살기엔 좋았지만, 매일 서울행 지하철에 몸을 싣고 밤늦게 지쳐서 들어오는 안쓰러운 아내의 모습을 지켜봐야 했습니다. 남자로서 자존심도 상하고 해서 반드시 서울 안에 집을 사야겠다고 다짐했습니다. 2015년 아내가 다니던 직장에서 운 좋게 정규직이 되었는데 마침 아내의 직장 근처 아파트가 서울에서도 가장 싼 편에 속했습니다. 내생애첫주택대출을 통해 15년 장기로 고정금리 2.8%에 1억 6,000만원을 대출받고, 여기에 그동안 모은 돈을 합쳐 2억 8,000만원에 아파트를 샀습니다. 남들이 보기에 그다지 좋은 지역은 아니었어도 우리 부부의 직장과 가까운데다 대단지 아파트라 연식에 비해 관리도 잘되는 장점이 있었습니다. 그 당시만 해도 집 사는 사람을 두고 바보라고 하는 분위기였지만, 내 이름으로 등기를 마치고 안방에 처음 누웠을 때의 그 느낌은 정말 눈물 나게 좋았습니다.

■ 처음 마련한 내 집_강북구 SK 북한산시티 아파트

이 아파트는 결혼 준비 전인 2013년부터 봐왔던 아파트입니다. 그때만 해도 20평대 전세가 1억 8,000만원이었어요. 지금 생각하면 말도 안 되게 싼 가격이지만 당시에는 대출받는 것 자체가 겁나기도 했고, 교통도 상대적으로 불편하다고 생각되어 신혼집을 경기도로 정했습니다. 그런데 2015년 아내가 직장에서 정규직이 되면서 그 기회에 이 동네로 옮겨야겠다고 생각했습니다. 지금도 그렇지만 그때도 부동산 시장을 예측하기는 어려운 상황이었어요. 집을 사면 안 된다는 분위기가 강했죠. 다만 집을 옮기기로 마음먹고 부동산 시장을 살펴보니, 전세 가격이 1년 반 전보다 훨씬 오른 상태였고 집값도 점점 오르는 추세였습니다. 그래서 신혼집 계약 기간이 끝날 때까지 기다리지 않고 구매를 결정했는데, 계약 시기가 본격적으로 집값이 오르기 직전인 2015년 3월이었으니 지금 생각해 보면 운이 정말 좋았어요.

어느덧 이 집을 사고 나서 4년이 흘렀습니다. 지금까지 굉장히 만족스럽게 잘살고 있으며, 뒤에 다시 나오겠지만 2017년에 추가로 집을 구매하면서 1가구 2주택자가 되었기에 양도세 절세 차원에서 이 집과는 곧 이별할 예정입니다. 사실 언덕이라 왕래도 불편하고,

---

SK북한산시티아파트 입지 분석

- 강북구 미아뉴타운에 위치한 대단지 아파트
- 2000년 초반 준공. 주변에 래미안, 두산위브, 벽산, 아이원 등이 대단지를 이루고 있음
- 경전철 우이신설선 솔샘역이 단지 상가와 연결
- 지하철 4호선 미아사거리역, 길음역, 미아역, 수유역이 근처에 있음(도보 이용은 어렵고, 버스로는 가까운 편)
- 근처 마트: 삼양동 롯데마트, 미아 이마트 및 미아사거리 쪽 롯데백화점과 현대백화점(도보로 이용하기에는 단지 상가 및 근처 시장, 중대형 마트 쪽이 편리)
- 주요 학군: 미양 초등학교, 삼각산 중학교
- 특이사항: 삼양사거리 쪽에 학원가를 육성할 계획이나, 상위권 학원이 본격적으로 입주하기에는 시간이 걸릴 전망

강남까지 통하는 지하철이 있는 것도 아니며, 학군이 좋은 편도 아니라서 여러모로 단점이 있긴 했어요. 하지만 저에게는 크게 단점으로 다가오지 않는 것들이었고, 실질적으로 처음 마련한 내 집이라 소중한 추억이 깃들어 있기에 가끔 침대에 누워 이별을 생각하면 가슴 한구석이 헛헛해지기도 합니다. 남들이 뭐라고 이야기하든 이 집은 제가 한 단계 더 나아갈 수 있도록 저희 가족을 4년간 잘 지켜주었습니다. 물론 나중에는 더 크고 비싼 집에서 생활하는 것이 목표이지만, 어딜 가더라도 항상 제 마음속에는 첫 집이었던 이 집이 사랑스럽게 자리 잡고 있을 것입니다.

2015년 하반기~2017년 상반기: 대리로 승진, 발전과 나태함
순자산 2억원 → 4억원

서울에 내 집을 마련하는 데 성공한 2015년, 저는 하반기에 대리로 승진하면서 부서를 옮겨 새로운 일을 배우기 시작했습니다. 일은 힘들었지만 정말 많은 것을 배울 수 있었던 시기였죠. 이때부터 최경환 경제부총리의 영향으로 돈을 빌려서라도 집을 사라는 인식이 팽배하면서 서울 아파트 값이 고삐가 풀린 듯 오르기 시작했습니다. 말 그대로 아침에 눈 뜨고 다시 보면 집값이 올라 있을 정도였습니다. 저는 단순히 시기를 잘 만났을 뿐인데 스스로 실력이 있다고 착각한 나머지 월재연 카페를 들여다보는 것도 점점 소홀히 하고, 낭비까지는 하지 않았지만 '집값도 계속 오르는데 무슨 절약이야?'라고 생각하며 살았습니다. 그러다가 어느 날 문득 '이렇게 살아도 되나?' 하는 생각이 들었고 주변을 돌아보니 내 집값만 오른 것이 아니었습니다.

첫 집을 사고 조금 방심했던 시기였습니다. 본격적으로 서울 집값이 오르기 시작하는데, 어느 순간 보니 서울 신축 30평대 가격은 더 가파르게 오르고 있더군요. 언젠가는 우리 집도 30평대 이상으로 가야 하고 으리으리하게 지어 놓은 신축 아파트들도 정말 좋아 보이는데, 도저히 집값이 뛰는 속도를 따라잡을 엄두가 나지 않았습니다.

2017년 하반기~2018년: 다주택자가 되다
순자산 4억원 → 7억원

결국 서울 안에 30평대 신축아파트를 구하겠다는 목표를 가지고 재개발에 관심을 두기 시작했습니다. 당장 큰돈이 들어가지 않고 조합원으로 몇 년만 버티면 충분히 목표를 이룰 수 있을 것 같았거든요. 이때만 해도 다들 서울 집값은 정말 끝물이라고 했고 새롭게 들어선 정부도 부동산과의 전쟁을 선포했죠. 하지만 그 덕분에 신축 건물의 희소성이 더욱 커졌고 분양가 통제까지 추진되면서 사람들은 더더욱 신축으로 몰렸습니다. 저는 주변 지역을 뒤져 초기 투자금 1억 5,000만원이라는 적은 돈에 사업 진행도 빠른 재개발 물건을 구할 수 있었습니다.

■ 재개발 투자로 다주택자가 되다_미아3구역 주택재개발 사업

재개발의 경우 조합원 분양가가 일반 분양가보다 싸고 돈도 단기간에 많이 들어가지 않기에 30대 때 조합원으로 가입해 놓으면 40대에는 입주가 가능할 것 같았습니다. 물론 당시에도 서울의 재개

TIP

알아두면 좋은 재개발 프로세스

- **기본 순서**

  ① 기본 계획 → ② 정비구역 지정 → ③ 조합 설립 및 조합 인가 → ④ 사업시행 인가 → ⑤ 관리처분 인가 → ⑥ 이주 및 철거 → ⑦ 착공 및 분양 → ⑧ 준공 완료 및 입주

- **처음부터 살고 있는 지역이 재개발될 경우**: ①부터 진행

- **중간에 조합원 물건을 사서 들어갈 경우**: ④부터 들어가는 것을 권장

  그 이전에는 재개발 여부가 확정되지 않은 상태에서 조합원들 간에 의견이 맞지 않아 사업이 취소되기도 하고, 행정관청에서 직권으로 지역을 해제하기도 하며 (실제로 2020년에 많은 지역이 해제 예정), 법규 변경의 영향을 직접 받기도 한다. (서울시 임대주택 비율 상승은 사업시행 인가 전 지역 기준). 따라서 어느 정도 웃돈을 주더라도 재개발 사업시행 인가가 난 이후에 들어가야 위험을 줄일 수 있다.

- ①~⑧은 짧게는 10년, 길게는 15년 이상 소요되는 과정

발 지역은 프리미엄이 많이 붙어 쉽게 들어갈 상황은 아니었습니다. 특히 2017년은 서울 집값 상승이 거의 막바지라고들 얘기하던 시기인지라 고민이 많았습니다. 그래도 4호선과 경전철 역세권에 대형마트도 있고, 서울 내 재개발 중에서는 가격이 싼 편인 데다 곧 관리처분 인가가 날 거라는 소문에 사업이 엎어질 우려는 거의 없

미아3구역 재개발 지역 입지분석

- 강북구 미아3구역 재개발 지역
- 경전철 삼양역과 붙어 있고, 지하철 4호선 미아역과 도보 5분 거리
- 롯데마트 삼양점이 길 건너편에 위치(입주 후 생활 편의성 좋음)
- 근처에 초등학교 2곳. 거리는 가깝지만 일명 초품아(초등학교를 품은 아파트)는 아님
- 2017년 말 관리처분총회를 거쳐 2018년 1월 관리처분 인가됨. 2019년 11월 기준 이주율 98%대. 빠르면 2020년 초 분양 예정
- 건설사: GS건설(자이), 브랜드 파워 있는 건설사로 땅을 보는 안목 또한 믿을 만하여 결정에 큰 역할을 함

겠다고 판단하여 구매를 결정했습니다. 아마 지금까지 제 인생을 통틀어 가장 과감한 결정이었을 겁니다.

재개발 주택에서 중요한 수익성 요소는 다음의 3가지입니다.

재개발 수익성 3요소
- 조합원 지분 감정평가(가치산정)
- 건축비 및 사업운영비 등을 고려한 조합원 분양가
- 일반 분양 물량 및 일반 분양가

재개발의 수익성은 한정된 조합원의 토지 위에 얼마나 많은 일반 분양자를 모으는가에 달려 있습니다. 예를 들면 5층 건물이 25층 건물이 되면 기존 5층 소유주가 20층만큼의 이익을 건설사와 나눠 먹는 구조입니다. 따라서 원래 가지고 있는 땅이 넓거나, 일반 분양가가 높고, 일반 분양이 잘되면 조합원이 부담하는 비용은 줄어듭니다. 이런 점 때문에 조합원의 주택을 중간에 매수하여 조합원 지위를 취득할 때는 위의 3가지 조건을 고려하여 프리미엄이 붙습니다.

조합원 입장에서는 사업 시행이 가까워지고 일반 분양가가 높을 것이 예상되면 일반 분양 후 팔아도 됩니다. 따라서 재개발 사업은 사업이 구체화될수록 조합원 지분에 붙는 프리미엄이 일반 분양가와 가까워집니다. 반면에 중간에 들어가는 투자자는 지금은 프리미엄을 주고 사더라도 나중에 일반 분양가가 더 높아지거나, 일반 분양 후에도 집값이 올라 이익이 날 거라고 판단해서 투자합니다. 결국 기존 조합원과 투자자 간에 눈치게임을 벌이는 셈이 되죠.

재개발의 경우 10년 이상의 장기간이 소요되며, 현재 있는 부동산의 객관적인 가치가 아니라 미래 가치를 고려해서 취득해야 하므로 (따라서 최근 '한남동 지하 단칸방이 평당 1억!'이라는 기사는 재개발의 수익구조를 무시한 의미 없는 기사로 볼 수 있습니다. 방이 아니라 땅의 가치가 평당 1억원이라는 의미니까요.) 자금 계획이 더욱 중요합니다. 사업이 예정대로 수행되지 않거나 미래의 주택 경기가 생각보다 좋지 않다면 조합원의 부담이 더 늘어날 수밖에 없기 때문에 초기에 대출 부담이 높은 것은 좋지 않습니다. 중간에 들어갈 경우, 조합원 지분 감정평가액에 프리미엄을 더해 투자해야 하며 나중에 조합원 분양 시 일반 분양과 같이 계약금, 중도금, 잔금을 치러야 합니다. 물론 프리미엄이 싸거나 사업성이 굉장히 좋다면 크게 걱정은 없겠지만, 최근 서울에 이런 사업장은 거의 없으므로 장기간의 자금 소요에 대비한 계획은 필수입니다.

처음에는 단순히 "서울의 30평대 신축 아파트에 싸게 들어가 보자!"라는 목적으로 들어갔지만, 이 글을 쓰는 2019년 기준으로는 조심스러운 부분이 많습니다. 2017년 하반기만 해도 서울 내에 상대적으로 중위험-중수익의 재개발 물건이 몇 군데 있었습니다만, 2018년에 너무 많은 곳들의 가격이 올랐고, 덩달아 그해 하반기 시행된 부동산 정책에 의해 사업성이 나빠지고 사업의 유지 자체가 불투명한 곳들도 많아졌습니다. 지금은 지인 중 누군가가 재개발 투자에 들어가도 될지 저에게 묻는다면 쉽게 권하지는 못할 것 같습니다. 당장 실거주하며 버틸 수 있는 구축 매매보다 리스크가 월등히 높고, 그에 따른 스트레스도 많기 때문입니다.

다만, 돌이켜보면 집값이 폭락한다는 이야기는 제가 어렸을 적에도 들었던 것 같습니다. 앞으로도 이런 이야기들은 계속 되풀이되겠지요. 해도 걱정, 안 해도 걱정이라면 어떻게든 적극적으로 해보는 것이 더 낫지 않을까요? 일을 벌인 사람은 실패해도 그로부터 교훈을 얻지만 일을 벌여보지 못한 사람은 언제나 그 자리에 머무를 수밖에 없으니까요.

2019년: 운이 실력이 되도록 수익의 다변화를 꾀하다
순자산 7억원 → 7억 8,000만원

2016년에는 오르는 집값에 그저 안주했으나 같은 실수를 두 번 반복할 수는 없죠. 지금까지 얻은 결과에서 제 온전한 실력의 비중은 얼마나 될까요? 난시 시기를 잘 만난 것뿐 아닐까요? 이런 반성을 하며 2019년 처음으로 주식 계좌를 열고 오롯이 제 판단에 따라 주식투자를 시작했습니다. 몇 달이 지난 지금 이론과 실천은 다르다는 것을 실감하고 있지만, 은행이자보다는 몇 배 더 높은 잠재 수익을 거두고 있습니다. 다만 주식 투자는 아무래도 실거주 위주로 접근하는 부동산 투자에 비하면 변수가 많아 더욱더 많은 공부와 운이 필요한 것 같습니다.

그리고 공인노무사 자격증에도 도전해 보려고 합니다. 아무래도 지금 나이에 변호사가 되기 위해 로스쿨을 가는 건 비효율적일 것 같거든요. 예전에 공부했던 책을 다시 펴보니 학생이었을 때는 그저 외우기에만 급급했던 문구들 안에 회사에서 보고 듣고 경험했던 것들이 들어 있더군요. 결과가 어떻게 될지는 알 수 없지만, 내가 꾸준히 앞으로 나아간다면 그리고 어제의 나보다 나은 오늘의 내가 된다면 그것으로 충분할 것입니다.

앱테크도 꾸준히 하고 있습니다. '월재연' 식구분들이 잘 봐주신 덕분에 모자란 글임에도 몇 번 선정되어 상품권도 받고, 앱과 카드를 연계해서 자동이체도 하고 계획성 있게 지출하니 앱테크만으로도 아내에게 맛난 음식을 몇 번 사줄 수 있었습니다.

책 백 권을 읽거나 근육을 키우지는 못했지만, 30대에 들어 가장 많은 책을 읽은 해가 되었으며 운동도 가능한 만큼 하고 있습니다. 이것들은 당장 돈으로 연결되지는 않지만 장기적으로는 저를 가장 살찌울 것들입니다.

또한 항상 호기심에 찬 눈으로 주변을 기웃거리고 있습니다. 출퇴근길에 마주치는 커피숍의 매출은 어떻게 될까? 지금 밥을 먹고 있는 이 식당을 포함한 건물의 시세는 얼마일까? 그 밖에도 신문과 TV를 보면서 내가 모르는 새로운 기술에는 어떤 것들이 있을지 끊임없이 생각합니다. 99%는 몽상으로 끝날 것임을 알면서도 그 99%의 몽상이 최후의 1%를 이끌어내 큰 결실로 돌아올 것이라고 믿고 의욕적으로 여기저기 관심을 기울입니다.

마지막으로 저는 돌아보는 것을 좋아합니다. 과거에는 '이랬으면 어땠을까, 저랬으면 좋았을 텐데.' 같은 생각으로 스트레스 받고 시간을 낭비했던 제가 이제는 미래를 그립니다. 미래를 알 수는 없지만, 그저 운이 좋았던 놈으로 불리지 않기 위해 반드시 제 실력을 끌어올리고자 합니다.

30대의 재테크를 뒤돌아보며
90년생들에게 해주고 싶은 이야기

지금까지 다소 장황하지만 8년여간 지나온 저의 재테크 여정을 적어 보았습니다. 이제부터는 제가 재테크를 하면서 느꼈던 아쉬운 점들을 뒤돌아보며, 이 글을 보는 분들께 작은 조언을 드리고자 합니다. 결혼 후 지금까지 아쉽게 느꼈기에 90년생 여러분에게 더욱 들려드리고 싶은 이야기입니다.

■ 아내와 왜 서로 조금 더 이해하지 못했을까?

올해로 결혼 6년차지만 저와 아내는 친구로 알고 지낸 시간까지 합하면 무려 17년이라는 세월을 함께했습니다. 사귈 때나 결혼을 준비할 때, 결혼한 뒤에도 크게 싸운 적이 없었기에 그저 서로를 잘 이해한다고 생각했습니다. 재테크 분야에 있어서도 그동안 비슷한 목표를 향해 가고 있다고 생각했죠. 그런데 올해 아내와 대화하며 정말 중요한 부분에서는 서로 생각이 다르다는 것을 알게 되었습니다. 저는 지금 다니는 회사에서의 생활이 힘들어 빠르게 경제적 자유를 찾기 위해 재테크를 한다고 생각했는데, 아내는 제가 다니는 회사가 객관적으로도 괜찮고 저 나름대로 회사에서 인정도 받다 보니 쭉 다니면서 조금 더 편하게 살기 위해 재테크를 한다고 생각하고 있었습니다. 저는 아내가 직장에서 일하는 것이 힘들어 보였고 지금 휴직 중인 것이 좋아 보여서 조금이라도 빨리 돈을 모아야 한다고 생각했지만, 아내는 직장에서의 즐거움도 있고 휴직이 끝나면 꾸준히 직장을 다니고 싶다고 했습니다(그래서 "내가 돈 많이 벌어서 전업주부 시켜줄게!"라고 했던 저의 호언장담에도 별 반응이 없었나 봅니다).

사실 재테크를 하는 동안 서로 잘 맞는 것 같다가도 어딘가 모르게 조금씩 어긋났던 경험들이 있었습니다. 아내가 제 목표를 이해하지 못하는 것 같아 서운한 마음이 들었던 적도 있었고요. 하지만 그건 아내도 마찬가지였을 것 같습니다. 저는 아내가 제 속마음을 잘 알 거라고 생각했는데 돌이켜보면 아내에게 한 번도 제대로 말해준 적이 없었어요. 결국 사소한 오해가 조금씩 쌓여갔죠. 간혹 다른 이들의 이야기를 들어 보면 재테크와 관련하여 남편과 아내 또는 부모와 자식 간에도 생각이 달라 이것이 행동으로 나타나는 경우가 있습니다. 서로 이해하지 못하는 시간이 계속된다면 물질적인 측면에서는 목표 달성이 쉽지 않을 것이고, 정서적인 측면에서는 서로 불신하느라 목표로 향하는 고단한 여정에 힘이 되어주지 못하겠지요.

혹시라도 현재 부부가 생각하는 재테크의 방향성이 일치하지 않는다면, 늦은 주말 밤 간단한 술상이라도 차려놓고 진술하게 이야기를 나눠보는 것은 어떨까요? 결혼을 생각 중인 젊은 연인들이라면, 결혼 뒤 어떻게 가계를 꾸려나갈 것이고 앞으로의 목표는 어떻게 이뤄야 할지 서로 생각을 나눠 보는 건 어떨까요? 금수저나 전문직이 아닌 다음에야, 불세출의 천재 또는 운이 있지 않은 다음에야 우리네 장삼이사들에게 재테크란 앞이 보이지 않아도 꾸준히 뚜벅뚜벅 걸어가야 하는 길인데, 그 길에 옆을 지켜줄 이가 없다면 무척 힘들지 않을까요?

■ 왜 재테크의 3가지 적에 빠져 나를 잃어버렸나?

재테크는 참으로 길고 지난한 길입니다. 우리는 '두려움', '게으름', '타인'이라는 3가지 적을 항상 옆에 달고 걸어갑니다.

'부동산이나 주식을 샀는데 떨어지면 어떡하지?'
'팔고 나서 오르면 어떡하지?'
'예금이나 적금은 물가상승률을 커버 못해서 실질적으로는 손해라는데 들어도 될까?'
'국민연금이 다 고갈돼서 나중에 못 받으면 어떡하지?'
'결국 우리가 지금 하는 노력이 모두 의미 없어지면 어쩌지?'

이것들은 우리가 항상 두려워하는 것들입니다. 이렇게 두려운 마음이 들 때면 우리는 눈을 감고 이것을 상대하지 않으려 합니다. 하지만 이 첫 번째 적은 잠시 피한다고 해서 피할 수 있는 것이 아닙니다. 눈 뜨고 문 밖으로 나오면 다시 마주칠 수밖에 없습니다.

'이거 아껴서 얼마나 남겠어. 그냥 배달 한번 안 시켜 먹으면 되지.'
'직장에서 일 잘하고 있는데 머리 아프게 뭘 더 공부하고 익혀.'
'오늘은 이 일 때문에, 내일은 저 일 탓으로 재테크는 모레의 나에게 부탁해요!'

우리는 게을러지면 드러눕고 시간을 그냥 써버립니다. 그러다가 결국 "아, 시간이 부족해!"라고 투덜거립니다. 첫 번째 적인 두려움이 우리에게 직접 나타나는 것이라면 두 번째 적인 게으름은 조금 더 교묘합니다. 게으름이라는 것은 어느 순간 복리의 마법을 부려 내가 낭비한 시간을 몇 배로 쳐서 뒤통수를 때립니다.

'ten in ten이라고? 10년에 10억을 어떻게 모아? 원래 잘난 사람들이 하는 거지 나는 어려워.'

'개인회생 절차에 들어가는 사람도 있네? 나는 상황이 낫잖아? 이 정도면 됐지 뭐.'

'이 주식이 유망하다고 TV에서 그러던데? 부동산은 곧 반토막 난다고 유명한 사람들이 그러던데?'

'경제위기가 온다던데? 이 분야는 신사업으로 유망하다던데? 비트코인 한번 해볼까?'

이 사람은 어떻고, 저 사람은 저렇고…. 우리는 타인과 비교하여 나를 판단하며, 타인의 생각을 따라가는 것에 불과하면서 자신이 많은 것을 알고 있다고 착각합니다. '타인'이라는 세 번째 적은 아주 무섭습니다. 어느 순간 거울을 보면 거기에 자신의 모습이 아닌 타인의 모습이 보입니다. 자신의 나이, 현재 상태, 가족 구성원, 꿈이 다른 사람과 같을 수 없는데 다른 이들의 모습과 비교하며 지레 겁을 먹거나 안도하며 자신을 잃어갑니다. 그리고 자신의 말이 아닌 타인으로부터 주위들은 말만 떠들게 됩니다. 무슨 회사인지도 잘 모르면서 주식을 사고, 당장 써야 할 돈이 많은 사람이 먼 미래에나 받을 수 있는 연금에 가입합니다. 내가 뭐 하는 사람인지도 모르는 일면식도 없는 사람의 말에 따라 생각하고, 판단하게 됩니다.

저 또한 이 3가지 적을 아직 완전히 떨쳐내지 못했습니다. 하지만 지금 생각해보면 저들 때문에 놓쳐버린 기회가 얼마나 많았을까요? 가끔 상상해봅니다. '내가 과연 몇 년 전에 이것을 이루었다면, 혹은 했었다면, 하지 않았다면… 나는 지금 어떤 모습일까?' 그러다 보면 분통이 터지고 밤에 잠도 잘 오지 않습니다. 이가 바득바득 갈립니다. 그렇기 때문에 저는 10년 뒤에 같은 생각을 하지 않기 위해 이 3가지 적과 오늘도 싸우고 있습니다. 여러분도 저와 함께 싸워보시겠어요?

■ 왜 100%가 아니면 준비되지 않았다고 생각하고 도전하지 못했나?

마지막 아쉬움이자 가장 큰 아쉬움입니다. 앞에서도 언급했지만 저는 서른 살이 되어서야 처음으로 월급을 받아본 사람입니다. 남들보다 늦었다는 조급함이 계속 저를 짓눌렀어요. 이런저런 고민을 참 많이 했습니다. 저는 항상 겁이 많았어요. 거우 얻은 작은 것조차 잃어버릴까봐 늘 겁을 냈죠.

'주식을 해볼까? – 주식은 개미가 하는 게 아니라던데? 다 잃으면 어쩌려고?'

'상가를 사볼까? – 임차인 관리하는 게 얼마나 힘들겠어? 공실 나면 또 어쩌려고?'

'가상화폐를 해볼까? – 저런 건 다 사기야. 저거 했다가 한 푼도 못 건지면 망하는데?'

'자격증 공부를 해볼까? – 회사 일도 많은데 제대로 해서 붙을 수 있겠어?'

'블로그에 글을 써서 수익을 내볼까? – 아무도 관심이 없으면 어쩌지? 시간도 많이 들 텐데?'

뭐라도 해야겠으니 이것저것 준비는 했습니다. 관련 책도 사서 읽어 보고 카페에 가입해 정보도 수집하고 글도 끄적거려 보고… 하지만 성취라고 할 만한 것을 이룬 것은 작년까지 단 하나도 없었어요. 왜냐하면 실제로 돈을 투자해서 시도한 것이 하나도 없었거든요. 계속 돈과 시간을 쓰기에는 무엇인가 미진하거나 불안했고 준비가 안 된 것 같았습니다. 그래서 성공도, 실패도, 아무것도 이루지 못했죠.

바람의 힘으로 가는 범선에 가장 무서운 것은 무풍이라고 합니다. 순풍은 말할 나위 없이 좋고, 삼각돛을 이용하면 역풍이 불 때도 배가 앞으로 나아갈 수 있지요. 하지만 바람이 없다면 꼼짝없이 그 자리에 멈춰서 물과 식량이 떨어지는 것을 손 놓고 보고 있을 수밖에 없습니다. 재테크도 이와 같습니다. 일단 뛰어든다면 성공할 수도, 실패할 수도 있겠지요. 하지만 아무것도 하지 않는다면 그 끝은 실패가 될 것입니다. 혹자는 이렇게 말합니다. "함부로 뛰어들었다가 실패하는 것보다는 기다리면서 기회를 노리는 것이 낫다." 하지만 한 번도 시도해 보지 않은 사람이 기회가 온들 어떻게 그게 기회라는 것을 알 수 있을까요? 인간은 항상 지나고 나서야 그것이 기회였다는 것을 알게 됩니다. 그리고 시대는 점점 빠르게 변하고, 인간의 준비는 그것보다 더딜 텐데, 자신이 100% 준비를 마치고 성과를 얻는 경우보다 그사이 시대가 바뀌어 그동안 준비한 것이 무용지물이 되는 경우가 더 많지 않을까요?

두렵고 불확실하지만 어느 정도 준비가 됐다면 눈을 질끈 감고 실행해 보는 것은 어떨까요? 충분한 운이 있다면 생각 외로 높은 성취를 이룰 것이고, 실패한다고 해도 이를 통해 얻는 것들도 분명 있을 것입니다. 돌이켜보면, 아직은 보잘것없지만 지금까지 저를 앞으로 나아갈 수 있게 해준 힘은 이것저것 복잡하게 따지지 않고 일단 저지른 것들로부터 나왔습니다. 그저 딱 한 걸음 더 앞으로 내딛는 것. 그것으로 얼마나 많은 것들이 달라졌을지! 이것이 저의 가장 큰 아쉬움입니다.

재테크는 결국 장기전! 너구리팬더의 정신승리법

결국 재테크에서 가장 중요한 것은 '실천하는 것'이겠지요. 앞에서 제가 가장 아쉬움을 느꼈던 점도 결국 실천하지 못한 데서 왔습니다. 하지만 실천의 과정은 말처럼 간단하지 않습니다. 어떤 헬스장 입구에서 인상 깊게 본 글귀가 있습니다. "여러분은 가장 어려운 헬스장 들어오기에 성공하셨습니다. 그럼 조금 쉬운 운동을 해볼까요?" 그 한발을 들여놓기가 참으로 쉽지 않습니다.

들어선 뒤에는 또 어떨까요? 누구나 처음에 들어오면 난생처음 들은 방법들을 활용해 곧 종잣돈을 모으고, 곧 뭔가를 이룰 것 같은 희망을 가지게 됩니다. 하지만 그렇게 만만한 길은 없어요. 일부 운이 좋은 몇몇을 제외하면 재테크는 장기간 지루한 싸움을 버텨내야 하는 길입니다. 최소한 몇 년은 꾸준히 참고 노력해야만 어느 정도 목표를 이룰 수 있고, 그 과정에서 받는 스트레스와 두려움도 만만치 않습니다. 지루하고 깜깜한 길을 걸을 때면 우리 마음속에는 작은 등불 하나가 필요합니다.

저는 재테크를 하며 항상 다음과 같은 5가지 생각을 떠올리곤 합니다. 말 그대로 정신승리법입니다.

■ 이왕이면 긍정적으로 가되, 부정적으로 갈 때는 대응하자!

세상만사가 그렇지만, 결국 세상을 보는 시각을 두 가지로 나누면 긍정적 시각, 부정적 시각으로 나눌 수 있습니다. 이것은 재테크에서도 마찬가지여서 부정적 시각에서 오는 공포로 인해 시작 자체가 어려울 뿐만 아니라, 시작한 뒤에도 약한 변수에 흔들리거나 중간에 고비를 넘지 못하고 손실을 보는 경우도 비일비재하죠. 물론 냉정하고 정확하게 분석하는 것도 중요합니다. 하지만 우리가 신이 아닌 이상 100% 준비를 끝낸 뒤 시작할 수는 없으므로, 재테크를 시작할 때 가장 먼저 갖춰야 할 것은 모자란 %를 채워줄 수 있는 긍정적 마인드입니다.

재테크는 결국 자신의 시간이나 자본을 미래에 다른 이들이 내가 취득했을 때의 가치보다 더 높게 쳐줄 것이라는 전제가 있어야만 성립합니다. 내가 산 주식 가격보다 더 높은 가격에 받아줄 사람이 있어야 하고, 내가 맡긴 예금보다 최소한 더 많은 돈을 돌려받을 것이 전제되어야 시작할 수 있죠. 즉, 세상이 더 발전하고 성장하며 어제보다 내일의 가치가 더 높아질 거라는 긍정적인 전망이 있어야만 합니다.

부정적인 뉴스에 눈이 더 가는 일은 자연스러운 일이겠지만, 긍정적인 태도가 단순한 무대포를 의미하는 것이 아니듯 부정적인 마인드 또한 단순한 걱정으로 끝나서는 안 될 것입니다. 부정적인 마인드가 당신을 공격한다면 대안을 선택하고 행동으로 대응하면 됩니다. 대응하는 부정론자들은 긍정론자와는 다른 방향으로 재테크에 성공할 수 있습니다.

"부정적인 전망이 실현되었을 때 최대 손실은 -100%입니다. 하지만 긍정적인 전망이 실현되었을 때의 이익은 +100%를 넘을 수 있습니다."

■ 재테크, 가까이 구체적으로 보자!

재테크라고 하면 너무 멀리까지 보시는 분들이 많습니다. 세계 경기가 어떻고, 국제 정세가 어떻고, 중동발 사고에 따른 유가가 어떻고…. 물론 재테크를 할 때 거시적인 경제를 공부하는 것은 바람직한 일입니다. 글로벌 시대에 거시적인 정세가 결국 우리나라에 큰 영향을 미치는 것은 사실이니까요. 그런데 보통 이런 이야기를 하는 사람들을 들여다보면 구체적으로 재테크를 잘하는 것을 본 적이 없습니다. 술자리에서는 다들 대통령, 경제부총리, 경제학과 교수가 되지만 당장 당일의 손익계산서에는 술값 지출밖에 남는 것이 없죠. 왜일까요? 이런 큰 이슈들은 내일의 우리에게 당장 직접적으로 영향을 미치지는 않기 때문입니다. 많이 아는 것은 좋지만 그것에 매몰되지는 말아야 합니다. 거시적인 이슈가 우리에게 영향을 주는 데는 생각보다 시간이 오래 걸립니다.

경기가 어렵다는 것도 모두가 어려워진다는 의미는 아닙니다. 누군가는 많이, 누군가는 적게 어려워지며 다른 누군가는 더 좋아지는 경우도 있습니다. 불경기는 "지금 경제 사정이 좋지 않아. 나라 꼴이 엉망이군!"이라고 말하는 사람이 "난 오늘보다 더 좋아질 수 있어! 새로운 기회를 잡을 수 있어!"라고 말하는 사람보다 조금 더 많은 시기에 지나지 않습니다.

"큰일은 중요합니다. 하지만 몇 년 뒤의 큰일을 고민하다가 내일의 작은 일을 놓치지 마세요. 작은 일들을 잘 처리하면 당신의 큰일은 더욱 쉽게 해결될 것입니다."

■ 비를 탓하지 말고 우산을 사자!

비가 내릴 때 우산이 없다고 하늘을 향해 비가 그치게 해달라고 외치는 사람을 본 적이 있나요? 대부분의 사람들이 그저 건물 처마 밑으로 뛰어 들어가거나 우산을 사려고 할 뿐이죠. 자신이 비를 맞는 것이 일기예보를 보지 않았거나, 우산 챙기는 것을 깜빡하거나 혹은 운이 없어서라고 생각합니다. 하지만 재테크에서는 의외로 비를 그치게 해달라고 고함치는 사람들이 많습니다. 재테크에서 실패를 경험하면 세상 또는 주변 친구가 잘못해서 나를 방해하기 때문이라고 생각하고는 합니다.

날씨와 마찬가지로 재테크에서도 내가 통제할 수 있는 부분은 생각보다 많지 않습니다. 세상의 모든 일이 계획대로 된다면 누구도 재테크에 성공하지 못할 것입니다. "모두 부자 되세요!"라는 말은 결국 누구도 부자가 될 수 없다는 말과 같습니다. 부는 결국 상대적인 개념이므로, 오히려 이제 막 시작하는 입장에서는 세상일이 뜻대로 되지 않음에 감사해야 합니다. 세상일이 모두 뜻대로 된다면 우리보다 앞서 나가 더 많은 것을 축적한 이들을 절대 따라잡을 수 없을 테니까요.

그럼 재테크를 하다가 비를 만나면 어떻게 해야 할까요? 비를 그쳐 달라고 하늘을 향해 외치지 말고 우산을 사면 됩니다. 세상일에는 양면성이 있습니다. 악재가 있다면 그 안에서 호재를 찾을 수 있지요. 악재를 만나서 그대로 주저앉는 사람이 있는가 하면, 그것을 기회로 삼는 사람도 얼마든지 있습니다.

정 우산을 사지 못할 것 같으면 잠시 건물 처마 밑에서 비를 피해도 됩니다. 유럽의 전설적인 투자자 앙드레 코스톨라니는 '주식투자의 성공 비결은 좋은 주식을 찾은 뒤 3년간 거들떠보지도 않고, 파티를 즐기거나 여행을 다니거나 수면제를 먹고 자는 것'이라고 했습니다. 앞으로 나아가기 힘들다면 잠시 피하는 것도 하나의 전략입니다.

말은 쉽지만 그게 가능하냐고 되묻는 분이 계실지도 모르겠습니다. 하지만 이것은 듣기 좋은 말이라서 혹은 소위 있어 보여서 하는 말이 아닙니다. 문제가 발생했을 때 우리가 취할 수 있는 유일한 방법이 이것이기 때문입니다.

"힘들고 어려운 일이 많을 것입니다. 어쩌면 한 인간이 극복할 수 없을 만큼 큰 짐이 떨어질 수도 있습니다. 하지만 누구도 시간을 되돌릴 수는 없기에 그저 일어나서 할 수 있는 유일한 일을 묵묵히 하는 수밖에 없습니다."

■ 재테크에서 즐거움을 찾자!

재테크는 지루하고 힘든 길입니다. 많은 이들이 시도하지만 소수만이 결실을 얻죠. 따라서 재테크에서 즐거움을 찾는 것은 매우 중요합니다. 재테크가 생각만 해도 머리 아픈 걱정거리가 되어서는 안 됩니다. '내일은 얼마를 더 아낄까?', '다음 달에는 자산이 얼마가 더 불어 있을까?', '빚을 다 갚으면 어떤 미래가 기다리고 있을까?'를 날마다 즐겁게 떠올려야 합니다. '저 기업은 어떤 물건을 팔고 어떻게 돈을 벌까?', '어제 갔던 커피숍은 하루 매출이 얼마나 나올까?', '저 아파트는 살기 좋아 보이는데 애들이랑 같이 살면 얼마나 좋을까?'를 매일 꿈꾸고 상상해야 합니다.

저는 재테크하는 사람이 뚜렷한 목표를 가지는 것을 매우 바람직하다고 생각합니다. 이 돈을 아끼고 모아서 명품 가방을 산다거나 좋은 차를 사야겠다고 생각하는 젊은 후배들을 나쁘게 생각하지 않습니다. 무언가를 진지하게 원하고 그것을 얻기까지 지난한 과정을 참아낸 친구들이라면 충분히 그 결실을 누릴 자격이 있다고 생각하기 때문입니다. 그리고 이런 친구들은 새로운 목표를 정하면 언제든 또다시 뛰어들 준비가 된 친구들입니다. 돈을 모은 뒤의 결과를 생각만 해도 저절로 웃음이 나오고 행복해져야만 비로소 그 과정을 즐길 수 있습니다.

"돈 모으는 것을 즐거워하십시오. 행복한 결과를 상상하고 힘들면 억지로 자기세뇌라도 하십시오. 그래야 끝까지 갈 수 있습니다."

■ 천천히 가도 되고, 가끔 다리가 아프면 앉아서 쉬어도 된다!

재테크는 결국 행복하기 위해 하는 것입니다. 방향을 올바로 정하고 꾸준히 가기만 한다면 남들보다 조금 느려도 괜찮습니다. 가끔 바람이 뒤로 불 때면 뒤로 가는 것처럼 보이기도 할 것입니다. 그래도 괜찮습니다. 열심히 하는 것도 좋지만 강박을 가지고 자신과 주변의 소중한 이들을 괴롭히거나 비하하지 마세요.

저는 다른 분들처럼 가계부나 앱테크를 꾸준히 하는 성격이 아닙니다. 하지만 저만의 장점이 있고 그 장점을 활용하여 잘 버텨나가고 있습니다. 다른 분들도 마찬가지일 것입니다. 어떤 것이 잘되지 않는다면 꼭 억지로 그것을 고집할 필요는 없습니다. 단점을 고치는 것은 장점을 키우는 일보다 몇 배나 더 힘든 반면 효과는 적습니다. 잘되지 않는 방법이 있다면, 억지로 하지 말고 잘할 수 있는 다른 방법을 찾아보면 됩니다.

'10년에 10억 만들기'라고 하면 정말 멋있어 보입니다. 그렇다고 해서 10년에 9억을 모으면 불행할까요? 11억을 모으면 더 행복할까요? 숫자와 기간은 결국 인간이 보기 편하라고 만든 것일 뿐입니다. 그것이 의욕을 가져다준다면 마음속에 품되, 강박을 준다면 과감히 버리는 것은 어떨까요?

"대한민국 성인 약 4,000만명 중 월재연 회원 수는 약 50만명. 거기에 속한 당신은 이미 재테크의 길에서 상위 1%에 속해 있습니다. 혹시라도 늦은 건 아닐까 겁먹거나 조급해하지 마세요. 가끔은 천천히 가고, 때론 멈추거나 뒤로 갈 수도 있습니다. 그래도 괜찮습니다. 갈 수 있습니다, 당신은."

왕초보 월백만원 부업왕

월재연부업왕 지음 | 15,000원

월재연 50만 회원 열광!
스마트폰+자투리시간 부업왕 비법 대공개!

- 부업으로 월 100만원! 고수 13인의 노하우 수록!
- 스마트폰으로 제2의 월급 만드는 하루 10분 실천법

★ 왕초보도 월 100만원 버는 부업왕 3단계!
1. 짬짬부업왕 : 앱테크, 은행이자보다 높은 포인트 적립
2. 절약부업왕 : 스마트폰 활용, 공과금 절약
3. 현금부업왕 : 상품권, 기프티콘, 물건 현금 전환

왕초보 부동산 경매왕

김지혜 지음 | 22,000원

쉽다! 안전하다!
아파트, 빌라, 오피스텔, 원룸,
단독주택 공략법

- 국내 최초! 평생 무료! '경매공매가이드' 공식 투자서!
- 내집장만은 물론 월세부자로 가는 핫코스!
- | 부록 | VIP유료동영상 1주 이용권

미국 배당주 투자지도

서승용 지음 | 22,000원

나는 적금 대신 미국 배당주에 투자한다!

- 미국 배당주 BEST 24 추천!
- 수익률 10% 고배당주, 1년에 4번 현금배당!
- 초보자도 쉽게 배우는 종목 분석 체크리스트 제공!

★ 월급쟁이부터 퇴직자까지 투자자 유형별 종목 추천!

- 퇴직자라면? 고정배당 우선주(배당률 5~8%)
- 월급쟁이라면? 배당성장주(배당률 2~4%)
- 공격적 투자자라면? 고배당주(배당률 10%)

부자의 계산법

민성식 지음, 민경남 감수 | 24,000원

나는 오르는 부동산에만 투자한다!

- 아파트, 빌라, 오피스텔, 단독주택, 꼬마빌딩까지 돈 되는 부동산 감별법!
- 저작권 FREE! 엑셀 계산식으로 수익률 예측 OK!
- 복잡한 세금, 각종 비용 산출까지 완벽 분석!
- 왕초보를 부동산 고수로 만드는 최고의 책!

맘마미아 냉파요리

강지수 지음, 맘마미아 감수 |
18,000원

1달 식비 70만원 절약,
1년 840만원 적금의 기적!

- **식비절감 효과!**
- → 냉장고 속 재료로만 요리해도 한 달 식비 70만원 절약!
- **요리실력 Up!**
- → 왕초보 냉파 레시피로 냉파미션 성공! 요리실력은 보너스!
- **재료낭비 제로!**
- → 냉장고 속 남는 재료 Top 20으로 시드는 재료 없이 건강
  하게

맘마미아 냉파요리 김치

레몬밤키친 지음, 맘마미아 감수 |
13,800원

왕초보도 쉽다!
1년 100만원 절약은 보너스!

- ★ 50만 회원 감동실천!
  왕초보 국내 최초 재테크 요리책
- 1단계 : 내게 맞는 김치 선택!
- 2단계 : 냉파 레시피대로 하면 맛있는 김치 완성!

왕초보 유튜브 부업왕

문준희 지음 | 19,800원

소소한 용돈부터 월세수익까지 현직 유튜버의 영업비밀 대공개!

- 대본 쓰기부터 스마트폰 촬영, 프리미어 프로까지 1권이면 OK!
- 조회수 Up! 구독자수 Up! 3분 동영상 홍보비법 완벽 공개!

블랙러블리의 최강 실무 엑셀왕

김상수 지음 | 22,000원

왕초보도 정시퇴근! 현직 엑셀신의 현장 밀착 팁 대공개!

- 보고서 편집부터 중첩 함수까지 완벽 마스터
- 필수탭 3가지로 끝내는 초간단 엑셀 입문서

| 부록 1 | 예제파일 73개 수록

| 부록 2 | '로또 당첨번호 추적기' 수록